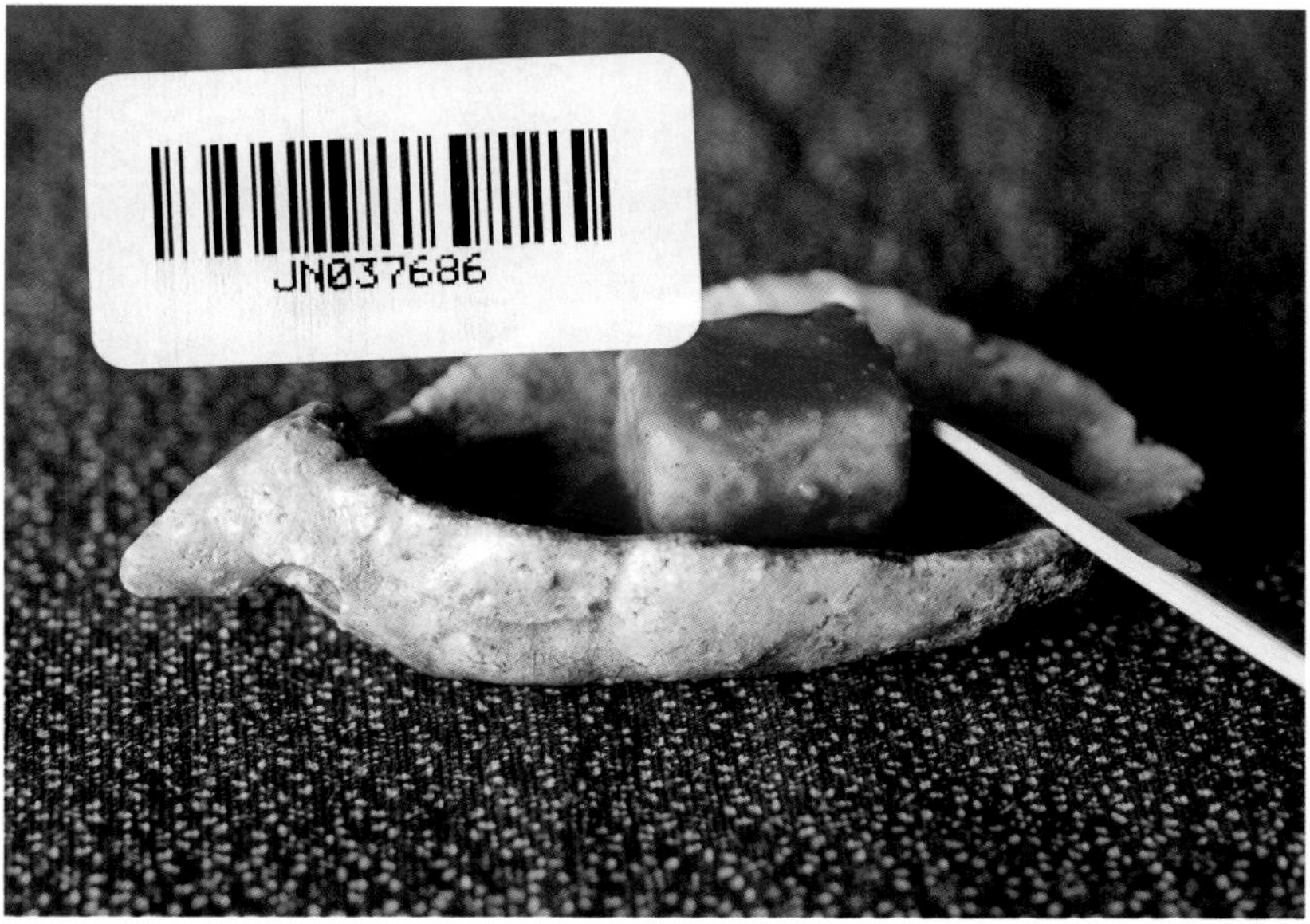

JN037686

琉球料理家
山本彩香

ちょっといい明日をつくる
琉球料理と沖縄の言葉

にちにいまし

文藝春秋

十八番の古典舞踊「作田節《ちくてんぶし》」を踊る姿。58歳で踊りの世界から引退するまでの30年近く、料理との二足のわらじを履いていた。料理はまず目で食べるもの。琉球舞踊で培われた美意識が、料理にも生かされている。

ターンム（田芋。里芋の一種）をメインに、豚バラ肉などの具材を加えた「どぅるわかしー」。繊維質のタームジ（田芋の茎）を加えることで芋の粘りけをおさえ、さらりとした食感に。養母の得意料理で、直接手ほどきを受けた数少ない料理のうちの一つ。芋をメイン料理にまで仕立てあげた琉球料理の粋を味わえる。

うなぎやイラブー（エラブウミヘビ）など臭みのある食材は「洗う」のが料理。内臓を取り出したら、小麦粉をまぶし、ぬめりやアクも丁寧に取り除く。できあがった料理が臭うのは、徹底して洗っていないから。怠け者ではおいしいものはできない。

沖縄本島北部の名護市を流れる源河川《げんかがわ》で捕れた天然のうなぎ。かつては沖縄各地で捕れたが、いまでは北部の山原《やんばる》地域でわずかに捕れる希少な食材に。暖かな気候で育ったうなぎは、まるまる太り、脂のりもよく、身もふっくらやわらかい。

うなぎは筒切りにして泡盛とみそに漬け、たっぷりの泡盛で煮るのが昔からの沖縄の食べ方。蒲焼きと違い、ぷりっとした食感が楽しめる。ぶつ切りをワインで煮るヨーロッパの食べ方とよく似ており、琉球料理の幅広さがうかがえる一品。

たたいた梅干しに橘餅《ちっぱん》(柑橘類の皮や果肉を砂糖で煮詰めた琉球伝統菓子)や、すったごま、ジーマーミ(ピーナッツ)を加えた「んみんす」(梅みそ)。冷房もないその昔、人々は縁側でお茶を飲みながら、んみんすを舐め、ゆんたく(おしゃべり)したもの。だから昔の人は熱中症知らずだった。

かつおぶしとみそに、お湯を注いだ沖縄の即席みそ汁「かちゅーゆー」(かつお湯)は、忙しい現代人にこそ伝えたい食の知恵。いつでも手軽に飲めるように、かつおぶしのほか、すったごまやジーマーミなどをあらかじめ混ぜたみそを冷蔵庫に常備。写真は桜えび、お土産でもらったいりこも入れたもの。

アシスタントの赤嶺由美子さんと、豊《と》見《み》城の自宅近くの公園にて。由美子さんは、琉球舞踊を教えていたときからの弟子で、50年近くをともに過ごしてきた。

はじめに　伝統を受け継ぐということ

私は二〇一二年の七十七歳のときに、十三年ほどやってきた琉球料理の店「琉球料理乃山本彩香」を閉じました。以来、八十四歳のいままで講習会や、テレビや雑誌の取材などを通じ、琉球料理の普及に努めています。

いまは料理一筋ですが、かつては琉球舞踊の世界に身を置いていました。五歳から踊りを習い、二十一歳で踊り子になり、五十八歳の引退時には教室をかまえて指導にあたっていました。

舞踊をしながら三十歳で「歩《あゆみ》」というスタンドバーをはじめ、のちにもう少し広い「吟《ぎん》」という店も開きました。当時は母が元気で、母がつくる料理を主に出していました。そして五十歳で、自ら料理を手がける「穂《ほ》ばな」を開店しました。店名は、私が得意としていた古典舞踊「作田節《ちくてんぶし》」の本歌の一節からとったもの。それからは稽古場と厨房を行き来する、慌ただしい日々が続きました。

舞踊界から退き、私が料理一本で生きることを決めたのは、舞踊は後継者がたくさんいるのに対し、伝統的な琉球料理は風前の灯だったからです。その味の奥深さを伝えようと、とにかく必死でした。大勢の方の支えがあっていまの私がありますが、なかでも私を導いてくれた人が二人います。その一人が母です。

私が「母」と呼ぶのは、正確には育ての母です。私は一九三五年（昭和10）、東京で父・山本松五郎、母・モウシの第四子として生まれました。

実母は川崎の工場で働くため沖縄を出て、父と出会いました。当時、うちなーんちゅ（沖縄人）は、内地で激しい差別を受けていました。東京出身の父と、沖縄出身の母が結婚できたのは、父が当時、不吉とされていた双子の生まれだったから。なので、私はやまとぅんちゅ（日本人）とうちなーんちゅのハーフです。

貧しさにあえぐなか、姉二人は病気のために幼くして亡くなり、私のうえには兄が一人。あとに弟が一人生まれました。そこで両親はしかたなく私を手放すことにし、二歳のときに母の姉である崎間《さきま》カマトのもとに養子に出しました。

崎間カマトは、戦前まで続いた那覇随一の遊郭「辻《チージ》」の「尾類《ジュリ》」（芸妓）でした。尾類は芸事のほかに料理の腕も求められました。大和（日本）の遊郭では、料理

養母の崎間カマトと40代の頃の私

は仕出し屋から取りますが、辻では、料理もすべて尾類自ら用意していたのです。辻で独自のもてなしの文化が花開いたのは、その興《おこ》りと深くかかわっています。一八七二年（明治5）の琉球藩設置まで、沖縄は琉球国として中国の冊封使《さくほうし》と薩摩藩の使節を定期的に迎え入れていました。なお沖縄は、古くは「浮縄」と書き、中国と日本のあいだに縄が浮いている姿を表していました。琉球に来た使者たちは、潮の流れが変わらないと国に帰れません。しかし帰るまでの数ヶ月間、首里王府が彼らをもてなすのは大変です。そこで受け皿となったのが辻でした。首里王府の消滅後、その祝宴料理は辻によって受け継がれていきました。

養母カマトは、芸事は得意でなかったものの、料理の腕は抜きん出ていました。その母の料理を食べて、私は育ちました。戦後、アメリカ統治の時代になり、沖縄の食が急速に欧米化していくなか、母は頑《かたく》なに昔の味を守り続けました。その多くを私に手取り足取り教えることはありませんでしたが、それがかえってよかったと思います。私は、自分なりに工夫して料理する術を身につけました。

料理上手だった母は、一方で奔放な人でもありました。花札が好きで、煙草も好き。戦後、縁あって糸満の玉城家の後妻となりますが、結局は逃げ出し、私の家に転がり込んできました。私はその二年前に結婚し、前年には娘も生まれていました。しかし母の存在が原因となり、夫と離縁。二十一歳で、母と生後まもない娘を連れて家を出ざるを得ませんでした。

私は踊り子として身を立てましたが、生活は苦しいものでした。そこへ母の病気の手術費用が追い打ちをかけ、五百ドルという莫大な借金を背負いました。一息つけたのは、二十六歳で琉球舞踊の新人賞をとったことを機に、東急ホテルの舞踊部門の職を得てからです。四年勤めたのちに、先の店「歩」を開きました。

母はいつもお金がなくなると、私に無心してきました。どれだけ母に振りまわされてきたことか。でも不思議と、私は母を恨む気にはなれません。それは、何よりも得がたいもの——味覚という大切な記憶を私に授けてくれたからです。

私を導いてくれたもう一人は、島袋光裕《しまぶくこうゆう》という琉球舞踊の師匠です。

島袋先生のもとには、二十五歳で弟子入りし、三十六歳で免許皆伝となって独立するまでいました。その間、私は先生の言うことを一言一句、聞き逃さないように常にノートを持ち歩いていました。その膨大なメモはいまも私の宝です。

先生はいつも教え子たちに「曲がった方向に行くぐらいなら、守って潰せ」と言っていました。間違ったものが伝わるぐらいなら、最後まできちんと教えをまっとうし、途絶えさせたほうがいい。決して手抜きをしてはいけないという教えでした。そして先生は、こうも言っていました。

「いまはいいも悪いも、私の言うことはすべて聞きなさい。でも私は神でも仏でもないから、間違いもあるだろう。だからあなたたちの時代になったら、直すべきところは直しなさい」

この言葉が、私が琉球料理を受け継いでいくうえでどれほど役に立ったことか。「伝統」と「伝承」は違います。伝承は、そのままただ伝えていくだけ。伝統は、基本をしっかりと守りながら、時代にあわせて変

島袋光裕先生の指導を受ける

えるべきところは変えていくこと。時代にあわないものはいずれ、人々から忘れ去られてしまいますから。

うちなーぐち（沖縄の言葉）には、黄金言葉《くがにくとぅば》と呼ばれることわざをはじめ、とても豊かな独自の表現があります。なかでも、私が好きなのは「にちにいまし」という言葉。大和には「似て非なるもの」という言葉がありますが、「にちにいまし」は「似ているけれど、さらによい」という意味です。

琉球料理は、沖縄の食材をベースに中国料理、日本料理の影響を受けながら、独自に発展してきました。たとえば「たじねーむん」（珍味）である、ねっとりと濃厚な味わいの「豆腐よう」（1頁）。ルーツは、豆腐を塩と麹に漬けて発酵させた中国の調味料「腐乳《ふにゅう》」です。腐乳は大量の塩に漬けますが、豆腐ようは、豆腐の発酵段階で塩を使い、あとは泡盛と紅麹にじっくり半年ほど漬け込んでつくります。そのため塩辛くなく、発酵した豆腐のうまみそのものを味わえます。

よそから入ってきたものを、土地の食材も上手に生かしながら、よりよいものをつくりあげる。琉球料理の歴史は、まさに「にちにいまし」の歩みです。

私は、母から豆腐ようのつくり方を習いましたが、それを自分なりに改良してきました。いまは冷蔵庫がありますから、雑菌を抑えるために使われていた塩の量を控えました。そのほうが体にもよく、味もまろやかになるからです。さらに食べ方も、枝豆や「アジケーナシムン」（シャコ貝の漬けもの）と和えるなどの工夫をしました。こうすれば酒のつまみとしても、料理としても楽しめます。琉球料理の基本と心は守りながら、自分の頭と手を使い、少しでもおいしいものを。そう考えながら、いつも料理してきました。

私はいま犬一匹とともに一人で暮らしています。若い頃は落ち着きのない日々でしたが、年を取ったいまは寝て、起きて、食べ、ときに人に会い、と毎日がその繰り返しです。でも、たとえ今日と似ていたとしても、明日はもうちょっといい日にしよう。料理も暮らしもそんな「にちにいまし」の精神で、明日を楽しみに生きています。

琉球料理の知恵と沖縄の言葉が、あなたにちょっといい明日をもたらしてくれますように。この本が少しでも毎日を明るくする一助になれば、うしでぃがふーうなくとぅでーびる（このうえない喜びです）。

目次

口絵　私が大切にしてきた「沖縄」　2

はじめに　伝統を受け継ぐということ　9

1章　心と体を養う知恵　19

食べるものは、明日を生きる「ぬちぐすい」　20／「くすいむん」で体を整える　24／「んみんす」を食べて熱中症知らず　26／沖縄の即席みそ汁「かちゅーゆー」のすすめ　30／おいしさのコツは「念を入れすぎない」　33／同じものは繰り返し食べない　36／暮らしのなかの「ちょっと」を大切に　39

2章　「一物全体《いちぶつぜんたい》」を生かす術　43

素材を丸ごと食す琉球料理　44／時代にあわせて変えた豚料理　48／料理は「洗う」から　51／路傍の石にも敬意を払う　54／その土地にふさわしい料理の仕方　56／着物のはぎれも無駄にしない　60／自分の持ち味を生かす　65

3章　母から受け継いだ味　67

食道楽の那覇で育ち、辻《チージ》で料理を学んだ母　68／冷たい「アーサの汁」の思い出　72／育つ環境で作物の味は変わる　76／母のやさしさと「むちぐゎー」のやわらかさ　79／母ゆずりの発想力　83／料理は「口で覚えなさい」　86

4章　日々を彩るもてなしの心　91

最後のひと塩が思いやり　92／もてなしの美意識　95／踊りが教えてくれたこと　100／美しく盛りつけるために　104／もてなしに「驚き」を　108／相手の立場になって考える　111／誰に対しても謙虚に　113

5章　時がもたらす恵み　117

黄金言葉は人生の先輩からのアドバイス　118／毎日を生きやすくする保存食　120／長く生きれば、楽しみも増える　124／人から慕われる「高貴高齢者」に　126／二人の母が遺した言葉　129

あとがき　134
本書に登場する工芸品／参考文献　136

沖縄の風土と文化が育んだ　明日の自分をつくる琉球料理レシピ　137
むちぐゎーの汁／アーサの汁／ゴーヤーちゃんぷーるー／ソーミンたしやー／ふーいりちー／昆布とイカのみそ炒め／イシミーバイのマース煮／大根の黒糖漬け／ゴーヤーの漬けもの／あんだんすー／スーチキージシ／くふぁじゅーしー／ラフテー／ミヌダル
【食材コラム】沖縄の炒めもの／琉球と昆布／琉球料理に欠かせない調味料／沖縄の夏野菜／だしの取り方

愛犬の八十助と。店のお客であり、ひいきにしていた10代目坂東三津五郎さんが襲名するとき、その前名をもらった。彼は、八十助を一目見て「隈《くま》取りがあるね！」と驚いていた。

1章

心と体を養う知恵

食べるものは、明日を生きる「ぬちぐすい」

沖縄では、滋養のある食べものや食材を「くすいむん」といいます。「くすい」は「薬」、「むん」は「もの」、つまり「薬となるもの」という意味です。

人の体は、その人が食べてきたものに大きく左右されます。今日、口にするものは、明日の自分の命を養う「ぬちぐすい」(命の薬)になる。だから、体にやさしいものを食べ、健やかな体をつくるように心がける。食べものによって体の調子を整えようという「医食同源」の考え方が、沖縄の地には昔から根づいていたということです。

もともと沖縄では、料理に最低限の塩分しか使わず、豚肉や豆腐などのタンパク質をしっかり摂り、野菜や海藻もたくさん食べていました。しかし、いまの沖縄料理にはポーク(ポークランチョンミート)など、戦後のアメリカ統治時代にアメリカから入ってきた食材がたくさん使われています。

その代表的な例が「ゴーヤーちゃんぷーるー」でしょう。でも私が使う食材は、ゴーヤーとうちなー豆腐（沖縄豆腐）、卵だけ。ポークはもとより、ほかの野菜も入れません。味つけも塩としょうゆだけで、ごくシンプルです（１４０頁）。

コツは、ゴーヤーをごく薄く切ること。

昔は、自由に火力を調節できるコンロはありませんでした。だから、いまのように豆腐をいったん焼きつけてフライパンから取り出す、なんてことはできなかったはずです。一度火をおこしたら、そのまま手際よく調理しなければなりません。燃料だって無駄にはできませんからね。

ならば、うちの母ちゃんはどうやっていたんだろう。私は記憶をたぐり、想像力を働かせ、ゴーヤーを薄く切ればいいという結論にたどり着きました。

ゴーヤーはもともと生でも食べられます。ですから薄く切って強火でさっと炒めれば、火の通りが早く、豆腐も崩れることなくおいしく食べられます。

薄く切る利点は、ほかにもあります。それは、ゴーヤーが油とよく絡み、苦みがちょうどいいアクセントになることです。レシピには、よくゴーヤーの苦みを取り除くために、塩でもむ方法が紹介されています。でも私からみれば、なんで苦みを取ってしまうのか。もったいないと思います。ゴーヤーは苦いのが特徴。苦みを除いたら、せっかくのゴーヤーの持ち味が台なしになってしまうでしょう。また強火でさっと炒めれば、しゃきしゃきと食感もよいもの。素材の持ち味が生かされているから、味つけは引き立て役でほんの少しで済むのです。

後日談ですが、二〇〇四年にNHKのテレビ番組『ためしてガッテン』に出演したことがあります。ゴーヤーを取りあげる回で、私のゴーヤーちゃんぷーるーのつくり方を紹介したところ、健康にもいいと証明されました。

ゴーヤーにはビタミンCや、血管を若返らせる成分のもとになる「シトルリン」というアミノ酸が多く含まれているそうです。しかし長く加熱すると、細胞が壊れてビタミンCやシトルリンが損なわれ、苦みも凝縮されるということが実験の結果からわかったのです。

薄く切って強火でさっと炒めると、おいしいうえに、体にもいい。昔の人の知恵は、やはりすごいですね。食材を生かし、「ぬちぐすい」とする術を頭ではなく体で知っていたのだとあらためて感心した出来事でした。

ゴーヤーは、沖縄の暑い夏を
乗り切るための
「ぬちぐすい」(命の薬)。
昔の人はそれを生かすために
どう料理すればいいか、
ちゃんとわかっていたんですよね。

「くすいむん」で体を整える

うちなーぐち（沖縄の言葉）に「くすいむん、ないびたん」（薬になりました）という言葉があります。そこには「ぬちぐすいとなる食べものをありがとうございました」という感謝の気持ちがよく表れています。

くすいむんとしてよく知られている料理に「イカ墨汁《すみじる》」があります。

このおつゆは、かつおだしに細切りの豚肉、ンジャナバー（ニガナ）、ぶつ切りにしたイカとイカ墨を入れてつくります。「下薬《さぎぐすい》」といわれ、体から悪いものを出す解毒作用や、熱や血圧を下げる効果があるものとされてきました。私と同年代の人はみんな、お産をしたあとの最初の食事にイカ墨汁を食べたものです。

赤ちゃんが育ち、離乳期に入ったら、今度はおっぱいを止めるために、みそ仕立ての「牛肉とフーチバー（ヨモギ）の汁」を飲みます。沖縄では、牛肉は薬代わりに「しんじむん」（煎じもの）にすることが多かったように思います。私も娘を育てていたときに、牛肉とフーチバーの汁を飲みましたが、本当にぴたりとおっぱいが出なくなるから不思議です。体を温める効果もあるとされていますので、風邪などをひいたときにも飲んでいました。

しんじむんといえば、ナチョーラ（海人草《カイニンソウ》）の苦い味も思い出します。この海藻を煮出した汁は、回虫を体外に出す虫下し。おちょこに一杯だけ飲まされるのですが、これがなんともいえない苦さ。まさに「良薬口に苦し」でした。

余談ですが、ナチョーラはジュゴンの餌にもなります。人魚伝説のもとになったジュゴンは、うちなーぐちでは「あかんぐゎーいゆ」。「あかんぐゎ」は赤ちゃん、「いゆ」は魚を意味する中国語由来。月夜にナチョーラを求めて浅瀬に現れたジュゴンが、漁師さんたちには赤ちゃんを抱いておっぱいを飲ませているような姿に見えたんでしょう。情景が目に浮かぶような詩的な言葉だと思いませんか。

でも残念ながら、このような言葉を聞いて育ってきたのは、私たち戦前生まれが最後ではないかと思います。沖縄の暮らしの実感から生まれてきた美しい言葉を、できるだけ後世に残していけたらと強く願うこの頃です。

「んみんす」を食べて熱中症知らず

近頃は気候変動のせいか、夏になると全国的に猛暑が続いています。連日「熱中症で何人搬送された」というニュースを聞きながら、「そういえば昔は熱中症なんて言葉は聞いたことがなかったなあ」と思いました。

冷房もなかったその昔、沖縄の夏は年寄りにとって、いまよりずっと過酷だったはずです。でも、熱中症で倒れるなんて話は聞いたことがなかった。それはなぜだろうと考えていて、「んみんす」が頭に浮かんできました。

んみんすは、やまとぅぐち（標準語）でいうと「梅みそ」になりますが、みそは使っていません。種を除いてたたいた梅干しに橘餅《ちっぱん》、すったごまと「ジーマーミ」（ピーナッツ）を混ぜてつくります。

橘餅は「きっぱん」とも読み、三百年ほど前に中国から琉球王朝に伝わったとされる伝統的な宮廷菓子です。

クニブ（九年母《くねんぼ》）やカーブチーなど沖縄で穫れるみかんの果汁をしぼり、外側の皮や内側の薄皮、筋もぜんぶ細かく刻んで、砂糖と一緒にじっくりと時間をかけて煮詰めます。それを餅のように小さく丸めて固め、最後に砂糖をまぶして仕上げたお菓子です。食べるときは薄く切って、お茶うけとしていただきます。とても手間がかかるので、つくっているのは、いまでは那覇にある「謝花《じゃはな》きっぱん店」一軒のみになってしまいました。

夏になると、いつも私は謝花きっぱん店から糖衣《とうい》で覆っていない状態の橘餅を取り寄せ、んみんすをつくり置きしています。腐りやすいものは入っていませんから、冷蔵庫に入れておけば半年はゆうに保存できます。

んみんすには、糖分も塩分も入っています。梅や柑橘類には、疲労回復にいいとされるクエン酸が含まれています。柑橘の皮も筋も入っていますから、食物繊維もたっぷり。さらにそこへ、栄養価の高いごまとジーマーミが加わります。よく熱中症予防に「梅干しがいい」といいますが、んみんすは最強の予防食であることは間違いないでしょう。

昔の人は、大きな「チューカー」（土瓶）にお茶をいれて縁側に置き、んみんすを舐めてはお茶を飲み、みんなで「ゆんたく」（おしゃべり）したもの。だから、昔の年寄りは熱中症知らずだったんですね。

以前、沖縄は梅干し、昆布の消費量で全国ナンバーワンでした。いまでもこの二つの食材の消費量は、トップクラスを誇っています。にもかかわらず、梅と昆布は、沖縄では収穫できません。どちらも交易が盛んだった歴史のなかで、沖縄にもたらされたもの。昔の人は、高温多湿のこの土地にあって、梅が疲労回復や腐敗防止に役立つ食材だということをちゃんとわかっていたんですね。

梅干しの使い方にはいろいろありますが、なかでも、んみんすは、梅の酸味が橘餅のさわやかな甘酸っぱさでほどよくやわらぎ、梅干しよりずっと食べやすくなります。橘餅は手に入りにくいと思いますので、代わりに無農薬のみかんを使ってつくってみてはいかがでしょうか。

そのままで食べるのはもちろん、ご飯のおともにも最適。私のんみんすを食べた人はみんな、「ご飯がいくらでも食べられる！」と言うぐらい評判なんですよ。

いつ、どんなものを食べて
体を健康に保つか。
そのための知恵が
古くから受け継がれてきた
琉球料理には
たくさん詰まっています。

沖縄の即席みそ汁「かちゅーゆー」のすすめ

沖縄は、かつて日本一の長寿県でした。しかし近年になって、男女ともその座を明け渡してしまいました。

沖縄の高齢者は依然として長生きなのですが、問題なのは若い人たち。そこには間違いなく、食べるものが影響しています。年寄りが元気なのは、昔ながらの食事をしているから。一方、若い人たちが食べているのは、脂肪が多く、塩分も高い食事。戦後、アメリカが統治するアメリカ世《ゆー》を経た沖縄では、その前後で食べるものが大きく変化してしまったのです。

沖縄の昔ながらの食事では、かつおだしがよく使われます。

かつおぶしの消費量では、沖縄は全国で抜きん出て一位。すば（沖縄そば）を食べたことがある人ならわかると思いますが、おつゆにはかつおのだしがきいていますよね。沖縄の水はもともと硬水なので、昆布からはあまりだしが出ませんでした。それもあって、沖縄でだしといえばかつおだしになったのです。

だしを取るときは、かつおぶしをケチらずにたくさん使いましょう。だしのうまみがあれば、味つけの塩やしょうゆなどは、ほんのちょっと入れるだけで十分です（だしの取り方は155頁）。そのだしを使っていろいろな料理をつくっていたから、昔の人は塩分を摂りすぎるなんてことはなかったんですね。

だしは一度にたくさん取って、冷蔵庫に保存すれば二、三日はもちます。すべての料理に一番だしを使う必要はありません。私は、時間をかけて肉をやわらかく煮るときには二番だしを使います。だからくれぐれもかつおぶしはケチらないことが大切ですよ。


それでもだしをとるのが面倒だなあというときには、「かちゅーゆー」（かつお湯。7頁）がおすすめです。

かちゅーゆーは、お椀にかつおぶし、みそを入れて熱湯を注ぐだけ。沖縄で昔から飲まれてきた即席みそ汁です。

私も以前は、昔のやり方でかつおぶしとみそを別々に入れて、かちゅーゆーをつくっていました。けれど、あるときふと思いついたんです。あらかじめみそにかつおぶしを混ぜて、「かちゅーゆーの素」をつくっておけば簡単じゃない、と。いったん思いついたら、考えは止まりません。いりこや桜えびも入れたら、カルシウムも摂れるんじゃない？　すったごまやジーマーミも入れたらおいしいかもしれない。乾燥のカットわかめを入れたっていいわよね。

そんなふうにあれこれ加えて、どんどんグレードアップ。いまはその時々にあるものを入れて「かちゅーゆーの素」をつくり、冷蔵庫にストックしています。

昔は、食べるものが少なかったから、かつおぶしとみそだけだったのでしょう。いまなら簡単にいろいろなものが手に入りますから、それをうまく活用するのが賢いやり方。決まりはないのだから、自分の好きにアレンジをすればいいんです。

「かちゅーゆーの素」があれば、あともう一品、汁ものがほしいなというときや、ちょっと小腹が空いたなというときに便利です。しかもスナック菓子なんかよりもよっぽど体にもいいもの。忙しい人にはぜひオリジナルの「かちゅーゆーの素」を試してみてもらいたいと思います。

おいしさのコツは「念を入れすぎない」

沖縄の定番料理に「ゆし豆腐」があります。

ゆし豆腐は、豆乳ににがりを入れて固める前のふわっとした、おぼろ豆腐に近いもの。そのゆし豆腐を、かつおだしで食べる料理もまた「ゆし豆腐」と呼ばれます。簡単でお腹にもやさしいので、食欲がないときにはぴったりの一品です。

沖縄の豆腐（139頁）は、加熱する前に豆乳をしぼるので、熱に弱いタンパク質が一般の豆腐よりも多く含まれ、大豆の風味が豊かで、味が濃いのが特徴です。一般に「島豆腐」といいますが、私はあえて「うちなー豆腐」と呼びます。

沖縄は、もともと島々からなる琉球国という一つの国でした。島豆腐という呼び方が広まったのは、沖縄が日本に返還されてから。沖縄にとって豆腐といえば、あのずっしりと重いうちなー豆腐だけです。だから、私は「島豆腐」とは呼びません。同じように「島らっきょう」も「うちなーらっきょう」といいます。

「うるさいことを言うばあさんだなあ」と思われるかもしれません。でも、文化は言葉から失われていきます。がーじゅー（頑固者）だと承知しつつも、そこは沖縄の文化を守っていきたいという切なる願いの表れだと思ってくださいね。

さて、ばあさんの小言はこれぐらいにして、話をもとに戻しましょう。ゆし豆腐は、豆腐をだしで温め、青菜を一種類散らしたもの。調味料や具を控え、極力シンプルに仕上げたほうが、ずっと豆腐本来のおいしさを楽しめます。沖縄には「念《にん》ぬ入りぬ、物《むん》ぬ過《く》ゎー」という黄金言葉があります。なんでも念を入れすぎると、過剰になってよくない。やまとぅぐちでいうところの「過ぎたるは及ばざるがごとし」です。これは料理でも同じ。いろいろな食材や調味料を入れると、味が複雑になりすぎて素材の持ち味がわからなくなり、かえっておいしくなくなります。

必要なものを、必要な分だけ使う。

その潔さがメリハリのある味を生み出します。料理の味がいつもぼやけて決まらないという人がいたら、それはいろいろ入れすぎているせいかもしれませんよ。

料理は念を入れすぎると
おいしくなくなります。
必要なものを
必要な分だけ使うことを
心がければ、
味が決まるようになりますよ。

同じものは繰り返し食べない

私は毎朝、だいたい七時頃に起きて、豆乳や胚芽のクラッカーなどで簡単に朝食を済ませます。一人暮らしをしているので、お昼は気分転換も兼ねてランチを外に食べに行きます。夜は、冷蔵庫にあるものでちょっとしたおかずを用意し、ご飯やかちゅーゆーと一緒に食べます。

冷蔵庫には、瓶や保存容器がぎっしり。塩漬けにした豚肉や漬けものなど、仕込み中の保存食がいっぱい入っています。いつも何かしらつくっているので、冷蔵庫の容量が足りず、最近大きい冷蔵庫に買い替えたほどなんですよ。

食べるものは、いつもその日の体調と気分と相談しながら決めます。とくに毎日「これを食べる」というものはありません。気をつけているのは「一日のうちに同じものを何度も食べないこと」です。

たとえば、お昼に中華料理屋さんに行って、私の好きなエビと卵の炒めものを食べたとしましょう。そうしたら、夜ごはんに卵の入ったスープは飲みません。卵は一日二個までと決めているので、それ以上は口にしないのです。

同じものを繰り返し食べていたら、栄養は偏ります。これだけ食べていたらいいという万能食品は存在しませんから、結局のところ、できるだけいろんなものを食べることが、バランスよく栄養を摂る唯一の方法なんです。

いろいろなものを食べるには、やはり旬の食材を使うのが一番。そうすれば季節の移り変わりとともに、自然といろいろなものを食べるようになりますし、お財布にもやさしいですからね。

あと私が気をつけているのは食事の時間を守ること。守るというより、お腹が空くと何もする気が起きなくなってしまうので、食べざるを得ないというのが本音。琉球料理店をやっていたときも、忙しいから何も食べないということはありませんでした。暇がないときは、食事の時間になると、厨房でちょこちょこつまみ食い。そうしないと体がもう動かなくなってしまうんですね。

食事の時間を守る代わり、間食は絶対にしません。それは子どもの頃に、母からしつけられた習慣です。間食をすると、ごはんがちゃんと食べられず、必要な栄養を摂ることができなくなってしまいますから。

でも甘いものは好きですよ。おやつは食べないけれど、食後のデザートは欠かさず食べます。食後に、お茶を飲みながら甘いものをちょっと食べるのは、「食事はおしまい」という体への合図。それも間食をしない理由の一つになっているのかもしれませんね。


外食のときも気をつけていることがあります。それは、ドレッシングやソースなどを別添えにしてもらうこと。

出されたドレッシングをちょっと舐めて、「塩分が多いな」と思えば、サラダにかけるのを少なめにする。逆に「ものたりないな」と思ったら、卓上の塩やこしょうをちょっと足す。好みの味に調節できて、塩分も控えることができます。

健康的な食事をしようと言われるとかまえるかもしれませんが、実際は日々の食事でほんの少し気をつければいいこと。毎日の「ちょっと」が積み重なって、健康な体はつくられるのです。八十歳をすぎて、血圧も血糖値も問題ない元気な私が言うのだから、これは本当だと納得してもらえるのではないかしら?

暮らしのなかの「ちょっと」を大切に

毎日の「ちょっと」の積み重ねが大切なのは、食事だけでなく、運動にも当てはまります。

高齢者は足腰が弱って出歩かなくなると、一気に老け込むとよく聞きます。私も年を取るにつれてだんだんと疲れやすくなり、以前ほど無理がきかないことが多くなりました。

ただ、ありがたいことに足腰は丈夫で、いまもスタスタと歩けます。踊りをやっていたおかげか、「姿勢がいい」と人から褒められることもしばしばです。健康のために何か運動をしていると思われることが多いのですが、とくに何もしていません。そう言うと、みなさん驚かれるけれど、特別な運動をしない代わりに日常の動作で心がけていることはけっこうあるんですよ。

まずはベッド。年を取ると、布団から立ち上がるのが大変と、みなさん高いベッドを使うようになりますよね。でも私は、あえて簀子《すのこ》にマットレスを置いて、ベッドを低くしています。そうすると、ベッドから出るには両手をついて「座ってから立つ」という動作をすることになります。

たかがそれだけのことと思うかもしれません。でも疲れたときやテレビを見るときも私はベッドにゴロンと横になるので、一日に何度も「座って立つ」を繰り返します。それがいい屈伸運動になって、足腰が鍛えられるのです。

それからズボンをはくときは、いつも立ったままはくようにしています。すると、必然的に片足立ちをすることになり、平衡感覚を保つのに役立ちます。主治医の先生から「片足で立てるあいだは、仕事を続けなさい」といつも言われているのですが、この分だとまだまだ当分は働けそうな気がしています。

私はいまマンションに一人暮らしをしています。家にいると誰とも話さなくなるので、できるだけ一日一回は外に出て、人と接するように心がけています。

マンションの二階に住んでいるので、外出の際には一階まで降ります。そのときは、エレベーターを使わずに必ず階段を使います。転んでしまっては元も子もないので、階段の上り下りをするときは、手すりにしっかりとつかまるのも気をつけていることの一つ。手が空いていたほうが動きやすく、転んだときも大事《おおごと》にならずに済むので、基本的にリュックを背負って出かけています。

帰宅時も、大荷物のときはさすがにエレベーターを使いますが、そうでなければやはり階段。「階段を見たら薬と思いなさい」という言葉をどこかで聞いてからは、いっそう階段を使うようになりました。

特別な運動をしようと思うと、道具や着るものなどを用意しなければなりません。最初のうちはやる気があっても、だんだんと億劫になるのもよくあること。ならば、ふだんの生活の動作をほんの少し気をつけて行うほうが、ずっと長続きして効果もあるのではないでしょうか。

一日のなかでは「ちょっと」でも、一年、五年と続けていれば、いずれは大きな差になるでしょう。「健康を維持する」と考えると大変なことのように思えますが、食事も運動も「ちょっと」を積み重ねるだけと思えば、そうむずかしいことではないように思えてきませんか。

食事も運動も、ふだんの生活で「ちょっと」気をつける。
「ちょっと」の積み重ねが一年後、五年後の「元気」になるのです。

2章

「一物全体《いちぶつぜんたい》」を生かす術

素材を丸ごと食す琉球料理

琉球料理と日本料理の違いはいろいろありますが、私がいつも一番に挙げるのは「裏ごししないこと」です。

日本料理は、食材を丁寧に裏ごしして、繊細な食感と美しさを追求します。一方、琉球料理は野菜やくだものも裏ごしをせず、そのまま調理します。ですから琉球料理には、日本料理のような繊細さはないかもしれませんが、素材に含まれる食物繊維を豊富に摂れるというよさがあります。それは、体にしてみればうれしいことですよね。

葉も茎も、食べられるところはすべて食べる。琉球料理には「一物全体《いちぶつぜんたい》を食べる」という、食材を丸ごと味わう考えが根底にあります。

その姿勢は、首里王府で食べられていた最高峰の料理でも変わりません。のちにくわしく述べますが、芋の茎まで生かしたもてなしの料理「どぅるわかしー」

（2頁）がそのよい例でしょう。

自然の恵みを丸ごと生かしながら、いかに手をかけて洗練させるか。かつての料理人たちは、そこが腕の見せどころだったに違いありません。


私が考えた料理に「ゴーヤーしりしりー」があります。

ゴーヤーは昔から「ゴーヤーしぼれー」といって、しぼってジュースとして飲んでいました。しかし、このつくり方だとしぼったあとに残ったかすを捨てることになります。かすはいわば繊維の塊ですから、「もったいないなあ」とずっと思っていました。そこで、なんとかぜんぶ生かせないかと考えて思いついたのが、「ゴーヤーしりしりー」です。

しりしりーとは、おろし金でするときの音をそのまま料理の名前にしたもの。一般には、目の粗いおろし金ですったにんじんを、卵と炒める「にんじんしりしりー」が有名でしょうか。ゴーヤーをおろし金ですりおろすので、この名前をつけました。

つくり方はまず、目の細かいおろし金を使って、ゴーヤーの表面をやさしくすりおろします。ゴーヤーは、いぼが大きく、緑色が淡く明るいものが適していますす（150頁）。そのほうが水分がたっぷり含まれているからです。

表面の緑色が削れて、白い部分が見えてきたら終わり。すりおろしたままだと苦みが強いので、そこに甘みと酸味を加えます。私の定番は、果汁100%のオレンジジュース。すりおろしたゴーヤーにジュースを適量入れれば、さわやかなゴーヤージュースの出来上がり。あるいは、ガラスなどのうつわに入れてヨーグルトをのせ、好みのジャムを加えて食べるのもおすすめです。

すりおろして残ったワタも、捨てずにちゃんと食べます。ゴーヤーのワタは食べられないと思って捨てている人が多いと思いますが、そんなことはありません。適当な大きさに切って、小麦粉を薄くはたいて油で揚げ、塩やポン酢をちょっとつけて食べると、サクサクとしてすごくおいしいんですよ。子どものちょっとしたおやつにもなるし、お酒のおつまみにも最適です。

せっかく自然が与えてくれた恵みなのだから、できるだけ無駄のないように食べる。それがめぐりめぐって、自分の体にもプラスに働くのです。

琉球料理の一番の特徴は「裏ごしをしないこと」。
素材を丸ごと味わう工夫を重ねてきたから、体にいいんです。

時代にあわせて変えた豚料理

沖縄では「豚は、鳴き声以外はすべて食べる」と言われます。皮から内臓まで捨てるところはありません。それこそ「一物全体を食べる」よい例でしょう。

ロース肉やヒレ肉はもちろん、「ソーキ」と呼ばれる骨付きのあばら肉を使った煮つけは、沖縄料理の定番です。ゼラチン質が豊富で、コラーゲンをたっぷり含む「ティビチ」(豚足)もスーパーで普通に手に入ります。

ティビチは、通常、長時間煮込んで脂肪を取り除きますが、私は一~二時間ほど蒸します。そうすると、下の鍋に脂とゼラチンがぜんぶ落ちるんですね。その液を冷蔵庫で冷やすと、上に脂、下にゼラチンときれいに二層に分かれます。上の脂は、昔は料理に利用していましたが、いまは脂肪の摂りすぎになるので取り除いて捨てています。そして下のゼラチンだけを煮こごり風の料理にしたり、かちゅーゆーに入れたりして、無駄なく利用します。私が八十代の半ばになっても足腰が丈夫なのは、このゼラチンのおかげかもしれないと思っているんです。

肝心のティビチは、ポン酢でさっぱりと食べるのがおすすめ。お店をやっていたときは「こんなに脂が取れるんですよ」とお客様に見せていました。そうすれば、脂を気にせずに安心して食べられるでしょ？ みなさん「いくらでも食べられる」とおいしそうに召し上がっていましたよ。

内臓は汁ものや、いりちー（炒め煮）の具になります。耳の皮（ミミガー）や顔の皮（チラガー）は、和えものに。血液も「ちーいりちー」という炒めものに使われます。

こんなふうにちょっと挙げただけでも、沖縄ではいかに豚肉を余すところなくおいしく食べるか、さまざまに工夫されてきたことがわかってもらえると思います。なかでも沖縄の豚料理の真骨頂といえば、脂肪と赤身肉の両方を含む三枚肉（バラ）を使った料理です。

三枚肉は、下腹部の脂身が厚い部分を「あちはらがー」、胸のほうの脂肪が少ない部分を「ふぃしはらがー」といい、昔は区別して売られていました。幼い頃、よく母に「ふぃしはらがーを買ってきて」と、おつかいに出されたものです。

あちはらがーは、鍋で加熱してラードを抽出します。脂を取って残ったかすは「あんだかしー」といって子どものおやつ。ラードは「あんだガーミ」（脂の甕《かめ》）に入れて、虫が来ないように吊るして保存します。だから、あんだガーミには必ずひもを通すための耳がつけられていました。

ふぃしはらがーは、ラフテー（156頁）や塩漬けのスーチキージシ（152頁）に使います。

昔は、豚は大変なごちそうで、お正月とお盆など特別なときにつぶして食べるものでした。そのため「スーチキーガーミ」という専用の甕に、塩で豚肉を埋めるようにして漬け、少しずつ大事に食べたのです。

いまは豚肉も簡単に手に入るようになり、冷蔵庫もあります。だから私はできるだけ塩分を控えるよう、漬け方を変えました。三枚肉の間に切り込みを入れ、そこに塩をふれば、肉に塩がちゃんと入りますし、使う分量も少なくて済みます。

味は守りつつも、時代にあわせて料理の仕方を更新していく。スーチキージシのレシピは「伝統の味」の受け継ぎ方を私なりに考えたものなのです。

料理は「洗う」から

料理は、食材を洗うところからがはじまりだと私は思っています。食材を丸ごとおいしく食べようと思ったら、やっぱりそのままというわけにはいきません。手間や工夫が必要です。その第一段階が「洗う」です。

沖縄ならではの食材に、イラブー（エラブウミヘビ）があります。餌を何も与えなくてもしばらく生き続けるほど生命力があるため、昔から沖縄では滋養強壮にいい貴重な食材とされてきました。

有名な産地は、沖縄南東部の離島で「神が宿る島」としても知られる久高島《くだかじま》。産卵期にあたる旧暦六月二十四日の解禁日から半年ほど、決められた島民だけが漁を行います。これを燻製にしたものが、市場などで売られているものです。

時間をかけてじっくりと煮込んだ「イラブー汁」は、宮廷料理の流れを汲む、最高級の「うじにーむん」（滋養もの）です。その効果は、夏と冬の年二回、イラブーを食べれば元気にすごせると言われてきたほど。昔は、翌年の新しい燻製が出まわるまで、どこの家でも室内の風通しのよい場所にイラブーを吊るして保存していました。しかし悲しいことに、近頃は「イラブー汁は臭い」と、若い人たちを中心にあまり食べられなくなっていると聞きます。

イラブーの料理は、まさに「洗うのが料理」といっても過言ではありません。イラブーのまわりには、いぶされたときの煙のすすがついています。このすすが残っていると、臭いの原因になってしまうんですね。だから私は、臭みを取るために小麦粉をまぶし、水が黒く濁らなくなるまでたわしでごしごしとよく洗います。そういうコツを知らないから、いまの人たちは「臭い」と敬遠してしまう。イラブーは、昔は食べたくてもなかなか食べられなかったものだけに、もったいないと思ってしまいます。

イラブーは極端な例ですが、魚など臭みがある食材も同じこと。目と手で、確かめながら洗う。丁寧に洗えば、味つけでごまかす必要はなくなります。ちゃんと洗うかどうかが、食材の持ち味を生かすための最初の分かれ道なんですよ。

イラブーは、
洗うのが料理。
臭みのある食材は、
どれだけ丁寧に洗うかで
味に雲泥の差が出るから
決して手は抜けないんです。

路傍の石にも敬意を払う

琉球料理の「一物全体を食べる」という考え方。そこには自然に対するうちなーんちゅの感謝の念が表れているように思います。

うちなーんちゅの自然との接し方をよく表している黄金言葉《くがにくとぅば》をここで一つ、紹介しましょう。

「子《くわ》持《も》ちぇー、石にん、木《きぃ》にん、トートゥ、トートゥ」

「トートゥ」というのは「尊い」の意味で、神様に祈るさまも表します。子どもを持つようになったら、石の前を通っても、木の前を通っても「尊いです、尊いです」と祈りながら歩きなさい、ということ。つまり、子どもを守るために石ころ一つ、木の一本にいたるまで敬いなさいと説いています。

いまは子どもを持たない人も増えていますから、この言葉にピンとこない人もいるかもしれません。ただ、私はもう少し広くこの言葉を解釈できるのではないかと考えています。

子どもを持つのが当たり前だったその昔、親になるというのは、一人前の大人になるということ。子どもは、大切なものの象徴です。つまり、守られる側の子どもから、守る側の大人になったら、身のまわりにある自然、ひいてはあらゆるものに敬意を払って生きなさいと、この言葉は教えているのだと思います。


沖縄に旅行に来て、斎場御嶽《せーふぁうたき》などの「御嶽《うたき》」を訪れたことがある人もいるでしょう。御嶽は、沖縄の古くからの祈りの場です。多くはうっそうと木々がしげる森のなかにあります。

大和のように、立派な神社仏閣も鳥居もありません。その静かな空間で、自然と、そこに宿る「目に見えないもの」に人々は手を合わせてきたのです。

時に台風など厳しい一面を見せる自然。小さな島国にあって、人々は自然を畏怖し、森羅万象に感謝と祈りを捧げることで、過酷な日々を生き抜いてきました。異常気象が叫ばれ自然災害が続くいまこそ、沖縄の土地が育んできた知恵に、明日を生きるヒントが隠されているように思います。

その土地にふさわしい料理の仕方

その土地の土や海が育んだ食材を、その土地の風土や文化にあわせて料理をする。そうして郷土料理というのは、長い時間をかけて形づくられてきました。

南の海で捕れる魚はおいしくない、沖縄で出される刺し身はまずいと、よく言われます。けれど、それは和食と同じように、魚をわさびじょうゆで食べているから。沖縄には、沖縄流の食べ方があります。

沖縄では、昔は刺し身を酢みそに和えて食べていました。酢が入っていれば、暑くても魚が傷みにくくなります。だから酢みそで食べるのは、理にかなっていることでもあるんですね。

和えるときの酢を、「カシジェー」（泡盛の酒粕）でつくると、さらに風味豊かな一品になります。

カシジェーは、泡盛を蒸留するときに残った米麹のどろどろとした液体。日本酒の粉っぽい酒粕のイメージとは違い、水分を多く含んでいます。疲労回復にいいとされるクエン酸やアミノ酸がたっぷり含まれていて、舐めるとまろやかな酸味があります。これをさらに蒸留、熟成させたものが「甘酒《あまざき》」といって、沖縄では酢のことを指します。

私はカシジェーを酒造所から分けてもらって、鍋にみりん、塩少々と一緒に入れて火にかけます。加熱してアルコール分を飛ばせば、あっという間に天然の酢の出来上がり。これを酢みそにしたり、野菜と和えたりと、いろいろな料理に使っています。

ちょうど泡盛の話が出ましたから、沖縄ならではのうなぎの食べ方についてもお話ししておきましょう。

沖縄でうなぎを食べるなんて、あまり聞いたことがないかもしれません。しかし、北部の山原《やんばる》地域では天然のうなぎが捕れます。他の地域と同じようにだいぶ数は少なくなってきてしまいましたが、名護市の源河川《げんかがわ》はいまも天然のうなぎの産地として知られています。

うなぎ料理といえば、蒲焼きを思い浮かべる人がほとんどでしょう。沖縄の若い人たちもいまではそう思っている人が多いですが、沖縄の昔からの食べ方は違います。きれいに洗ってぶつ切りにしたうなぎを、みそとたっぷりの泡盛に漬けてから鍋で煮るのです（4〜5頁）。

以前、人から聞いて驚いたのですが、フランスを中心にヨーロッパでは、うなぎをワインで煮込むんだそうですね。沖縄では泡盛、フランスではワイン。やはりその土地の酒で煮込むのだと知って、なるほどと思いました。

酒は、その土地の気候にあわせて醸《かも》されるもの。同じ土地で収穫した食材とあわないわけがありません。それは単なる味のよし悪しを超えた、相性の問題です。

私は琉球料理をつくるときは、酒は泡盛と決めていますし、塩も粟国島《あぐに》でつくられている「粟国の塩」しか使いません（147頁）。海外のお土産などで天然塩をもらうこともありますが、それは洋食をつくるときに使います。

ある土地の料理をつくるときは、できるだけその土地の調味料を取り入れてみてください。そうすると、味がぐんと本格的になるはずですよ。

その土地の土や海が
育んできた食材を
その土地で生まれた
調味料を使って料理する。
それはとても自然で、
理にかなったこと。

着物のはぎれも無駄にしない

素材の持ち味を生かすことは、何もむずかしく考えることではないと私は思っています。捨ててしまう前に「これをほかに利用できないかな」と、一瞬立ち止まってみる。その、一瞬考える時間を持つかどうかです。

そういう意味では、私は食材にかぎらず、身のまわりのものもひっくるめて、いつも「これで何かできないかな」と考えています。

たとえば着物。母から譲り受けたとびきり上等の着物や、舞踊をやっていたときに背伸びしてあつらえた着物が、いまでこそ人にあげたりして減りましたが、昔の私の簞笥には入りきらないほど、したたかありました。貴重な芭蕉《ばしょう》の糸で織った涼しげな芭蕉布《ばしょうふ》や、手の込んだ紅型《びんがた》の反物、八重山上布《やえやまじょうふ》や宮古上布など、その多くは、いまではなかなか手に入らないような着物です。

それらをただ捨てるのはしのびないからといって、簞笥の肥やしにしているのは、余計にもったいない。当時、お店をやっていた私は考えをめぐらせ、着物の一部をエプロンドレスに仕立て直すことにしました。

伝統的な織物を使ったエプロンを身につければ、お客様に琉球文化にふれてもらうこともできるという、私なりのアイデア。それらのエプロンドレスは、いまも料理の仕事をするときの私の正装になっています。

お店をやめてからは、着物をエプロンドレスではなく、洋服にすることも多くなりました。たとえば動きやすいようにパンツと、それにあわせたベスト。パンツやスカートだけだときれがたくさん余ってしまうので、上下揃いのものをつくるようにしています。

でも、そこまでしても困ったことにはぎれが出ます。それも捨てずに「何かできないかな」とまた考えて思いついたのが、トートバッグです。

ただ自分でつくろうとすると、目も弱ってきていますから、針に糸を通すのも一苦労。「いつか」と思いながら、なかなか実行できません。だから、そういうときは迷わずプロの手を借りることにしています。

なじみの裁縫屋さんにはぎれを渡して、だいたいの形と寸法を伝えます。そして一週間ほど待てば、世界に一つのオーダーメイドのバッグが仕上がってきます。バッグを新調するのにくらべたらずっと手軽に、しかも自分好みのものが手に入るのだから、すてきだと思いません？

完成したバッグは、ポールのハンガーラックにかけます。こうしていつも目にふれるようにしておけば、その日の服装にあわせて選びやすくなります。しまい込むと、どういうものがあったか、ついつい忘れがち。せっかくつくったバッグを宝の持ち腐れにしないための工夫です。

そういうわけで、私の部屋はものであふれています。八十歳をすぎて、持ちものを少しずつ整理しようとしているのですが……。

つい最近も、九十七歳で亡くなった方の形見分けとして、着物をたくさんいただきました。「これはあの人に似合うかな」「これはのれんにしたらどうかな」と部屋中に広げて、ただいま思案中です。

大変だけど、どうしようかなと考えている時間は楽しいもの。やることがなくて暇で退屈なんていう時間は、私には一生、訪れそうもありません。

捨てる前に「ほかに利用できないかな」と考えるクセをつける。
そうすると、食材も、ものもだんだんうまく生かせるようになります。

自分でうまくできないことは、さっさとその道のプロに頼む。
上手に人を頼れると、楽しみの幅がぐんと広がりますよ。

自分の持ち味を生かす

突然ですが、私の手は、指が短くて厚くぼてっとしています。我ながら「不格好な手だなあ」と常々思ってきました。琉球舞踊をやるには、しゅっと伸びる細い手のほうが舞台で映えます。けれど、私の踊りのお師匠さんは「アヤ子（本名）の手は、至れり尽くせりだ」と、これ以上ない褒め言葉をかけてくださいました。

手自体は美しくないのに、なぜお師匠さんはそこまで私の手の動きを評価してくださったのか。私は、何か特別なテクニックを使ったわけではありません。ただ、自分の手が不格好なのを十分心得ていましたから、教えてもらった基本を頭に叩きこんで、何度も何度も納得いくまで練習したのです。

基本には、いかに手を美しく見せるかという知恵が蓄積されています。だから、基本を守る努力をするのが本来、一番大事なことなんです。基本を忘れ、ただ小手先だけできれいに見せようとしても、うまくはいきません。

もし私の手が細くてきれいだったとしたら、私はこれほどまでに努力したでしょうか。仮定の話をしてもしかたがないかもしれませんが、でもきっとどこかで慢心したのではないかと思います。

持って生まれたものは変えることができなくても、それを生かすか殺すかは、自分の心がまえ次第です。素材の持ち味をできるだけ生かすように努めるのは、何も食材やものだけにかぎったことではありません。自分自身にもまた、当てはまること。

食材にそれぞれの味わいがあるのと同じで、人にもそれぞれ、その人なりの持ち味があります。たとえば苦みが強くても体にはよい野菜があるように、一見してマイナスだと思われるようなところも、別の角度からみればプラスに働くことがあります。

そのものが本来持つ性質を受けいれ、生かそうとする。「一物全体」の考えは、どこかで私の生き方ともつながっています。それは私もまた、沖縄の風土と文化によって育まれてきたものなのだからかもしれません。

3章

母から受け継いだ味

食道楽の那覇で育ち、辻《チージ》で料理を学んだ母

幼い頃の記憶をたどると、おぼろげに辻《チージ》の風景が浮かんできます。美しい着物に身を包んだきれいな女性たち。一歳で尾類《ジュリ》の娘となった私の姿が、売られてきた自分の身の上と重なるからでしょうか、どのお姐さんたちもみなやさしくしてくれたことを覚えています。

養母の崎間カマトは、歌や踊りはあまり上手ではありませんでした。それというのも、十六歳のときに自ら辻に身を置く決心をしたからです。

尾類の多くは、貧しい家に生まれた女の子です。アンマー（抱え親）という引き受け手となる女将のところへ幼い頃に売られてくるのが普通でした。しかし、崎間家はもともと那覇士族の出。かつては裕福だったのですが、カマトの母、つまり私の祖母は早くに亡くなり、また時代とともに家も傾いていきました。母があ

るとき、道で人力車を引いている人に声をかけたら、それが自分の父親だったといいます。そこまで苦労しているお父さんをどうにか助けたいと、母は辻へ足を踏み入れたのでした。

幼い頃から芸事を叩き込まれてきた他の尾類にくらべ、母が歌や踊りで劣るのは無理もありません。代わりに、彼女には「味覚」という武器がありました。

琉球料理には「首里づくり」「那覇づくり」という表現があります。同じ「どぅるわかしー」(2頁)でも、首里では具を入れない。那覇ではたっぷり具が入ります。琉球王朝のお膝元で政治の街であった首里と違い、商売で栄えてきた那覇は、食い道楽の街として名を馳せてきました。つまり、那覇づくりは贅を尽くした料理だったということです。

那覇の食い道楽を表す言葉があります。「うっちゃかてぃから、ぬーかまちん、ゆちゅらーねーらん」(倒れてしまって食べられなくなったら、どうしようもない)。つまり、元気なうちにうんと食べさせなさい、という意味。生粋《きっすい》の那覇人だった母は、幼い頃においしいものをどっさり味わって育ってきました。だから、舌は人一倍肥えていたのです。

しかも辻には、首里王府の包丁人（料理人）から直接料理を習った津覇《つは》ウトゥさんという人がいました。その人に母は料理の手ほどきを受けました。食い道楽の那覇で培われてきた味覚と、琉球王朝の最高峰のもてなしの料理。その二つが辻という場所で出会い、母の味は磨かれていきました。そうして料理の腕で辻の花街を生き抜き、三十歳にして姪の私を引き取ったのです。

あるとき、誰が連れていってくれたのか、遊郭の片隅に石造りの「フール」があるのを見たことがあります。フールは、豚小屋兼トイレのこと。「ウヮー（豚）ブール」とも呼ばれ、昭和の初め頃まで使われていました。

豚は、琉球料理には欠かせない貴重な食材。かつては生活のすぐそばで豚を育て、人の大便が餌にもなっていたのです。私が見た辻の豚小屋には、すでに豚もおらず、トイレも別に設《しつら》えられていましたが、料理に使う豚を飼うほど、辻にとって料理は大事だったということでしょう。後年、この話を作家の故・船越義《ふなこしぎ》彰《しょう》先生にお話ししたら、「あやちゃんはそんなことまで覚えているの！」と驚かれ、あらためて辻の女の人たちの料理にかける熱意を感じたのでした。

自宅近くの公園に残るフール跡

元気なうちにうんと
おいしいものを味わう。
食に対する
那覇人の熱意が
琉球料理を
おいしくさせたんです。

冷たい「アーサの汁」の思い出

私が国民学校（小学校）に入る一九四一（昭和16）年、母と私は辻をあとにしました。戦争の影が日に日に色濃くなってきたこと、またギャンブル好きだった母が博打で失敗をしたことが重なり、北の今帰仁《なきじん》に疎開することになったのです。華やかな都会暮らしから一転して、海と山に囲まれた田舎暮らしへ。うーまくー（おてんば）だった私は毎日、男の子と一緒になって自然のなかで遊びまわっては、母に叱られていました。

いまでもよく覚えているのは、大きなガジュマルの木に登って遊んでいたときのこと。それを見て危ないと思った母はどう声をかけたと思います？

「アヤちゃん、すごいねー、そんな高い木にどうやって登ったの？」

母の言葉を聞いて、私は得意げに「ここに足をかけてね、こうやってね、こうやってね」と登ってきたのとは逆にたどって木から下りて見せました。そして私が地面に下りた途端、母は私の手をきゅっと引いて家に連れて帰りました。そして家に着くなり、おへその下の「丹田《たんでん》」に、文字通りお灸を据えられました。

考えてみれば、昔の人の子どもの叱り方は理にかなっています。高い木の上にいるときに、「危ないじゃない！　すぐに下りていらっしゃい！」と怒鳴られたら、子どもはびっくりして下手すると木から落ちてしまいかねません。だから「どうやって登ったの？」と聞いて、子どもを安全に木から下ろしてから叱ったのです。お灸だって、子どもからすれば熱くて痛くても、体にいいものですからね。

そんな「うーまくー」だった私にとって、当時母がつくってくれた思い出の料理といえば、「アーサの汁」（139頁）です。

「アーサ」（アオサ、ヒトエグサ）の旬は、冬が終わり、大地が潤いはじめる「うりずん」の季節。いまは養殖も多いと聞きますが、昔は沖縄のどこの海岸でもアーサが採れました。三月ともなれば、海岸の岩場一面に青々としたアーサが広がり、それを採りに海に入る人々の姿があちこちで見られたものです。

アーサの汁は、数ある沖縄の汁もののなかでも、私が思うに唯一冷やして飲めるもの。かつおだしにたっぷりのアーサと豆腐を入れたシンプルなおつゆで、油が入っていないので、冷やしてもおいしいのです。

つくるときに気をつけたいのは、豆腐の大きさ。みそ汁でもなんでも同じ大きさに切ればいいというものではありません。アーサと一緒にするすると喉ごしよく飲めるように、豆腐は小さなさいの目に切ることがポイント。切り方ひとつで、料理のおいしさはかなり変わるものなんですよ。

暑い日に私が学校から帰ると、母は氷箱で冷やしたアーサの汁をよく飲ませてくれました。氷箱とは、氷を入れて食材を冷やす昔の簡易冷蔵庫のようなもの。扉のなかはブリキで覆われていて、上段に氷を入れ、下段に食材を入れて冷やすという単純なつくりのものです。ちなみに我が家に冷蔵庫がやってきたのは、昭和三十年代半ば。それでも沖縄では早いほうだったんですよ。

氷箱を開けて、アーサの汁が入っていると、私は大喜び。冷たいおつゆをすすると、暑さでぐったりした体が一気に生き返るような心地がしたものです。

その印象が鮮烈なせいでしょうか。いまでもこのおつゆの磯の香りを嗅ぐと、今帰仁ですごした幼い頃の日々が色あざやかによみがえってきます。

アーサの汁は、
喉ごしよく飲めるように
豆腐を小さく切ること。
切り方ひとつで、
料理のおいしさは
変わりますから。

育つ環境で作物の味は変わる

私が今帰仁に暮らしたのは、終戦を挟んだ六年ほどでした。しかし、北部の海や山、里の恵みにふれたことは、私にとっていまや貴重な財産です。

沖縄は小さな島ですが、北部と南部では気候も違えば、土も違います。ですから自生するものが異なるのはもちろん、たとえ同じ作物であっても、味が違います。同じ野菜でも、北部はどちらかといえばやさしい味わい。南部は苦みや甘みにメリハリがあります。

今帰仁にいた頃はよく、母に野草を摘んでくるように言われました。そうして野山を歩きまわっているうちに、どこにどんな植物が生えているのか、教えられなくとも自然に身についていきました。

たとえば、薬草としても知られるフーチバー（ヨモギ）。サトウキビ畑の下に生えているものと、太陽をさんさんと浴びて育っているものとではみなさん、どう違うか、わかりますか。

畑の下に生えているフーチバーは、やわらかくて「じゅーしー」に入れるのにぴったりです。最近はゴーヤー畑に行くと、みんなビニールハウスで育てていますが、ビニールをかぶせずに育てれば、地面にいいフーチバーが生えるのになあと、がちまやー（食いしん坊）の私はつい考えてしまいます。


ここでじゅーしーの説明をしておきましょう。じゅーしーは、炊き込みご飯や雑炊のこと。大きくは具の入った味つきのご飯のことだと私はとらえています。

炊き込みご飯は「くふぁじゅーしー」（154頁）とも呼ばれ、四月に行われる先祖の法要「シーミー」（清明祭）や冬至などでよくふるまわれます。「くふぁ」は「硬い」の意味。お米を炊く前に油をちょっと入れるのが、大和の炊き込みご飯と違うところ。油を入れることで、お米につやとうまみが加わり、米粒同士がくっつかずに具とのなじみがよくなります。

雑炊は「じょろじょろじゅーしー」とも呼ばれます。「じょろじょろ」は水分の多いさまを表しているのでしょう。うちなーぐちの表現の豊かさを感じます。

ご飯や具をだしで煮てつくりますが、注意したいのは、ご飯の粘りけが出るまで煮込まないこと。じょろじょろじゅーしーはさらさらと食べられるのが特徴で、暑い沖縄ならではの雑炊といえます。

話をフーチバーに戻すと、地面にぺたんと生え、太陽をさんさんと浴びているものは、胃腸が弱ったときにすり潰して飲みます。ンジャナバー（ニガナ）も同様に胃腸の調子を整え、食欲を増進するとされ、同じようにして飲みます。

でーふぁー（すり鉢）と、りーじ（すりこぎ）でフーチバーをつくのは、幼い私の役目。すり潰したフーチバーを布巾でぎゅっとしぼるのは、母の役目。そのしぼり汁をおちょこに一杯、食事の前によく飲ませられていました。

それはそれは苦いので、子どものときは飲むのがイヤでしかたありませんでしたが、いまは強い苦みがかえって爽快に感じます。もしこれから、まちやぐゎー（小さなお店）を開くことがあれば、小さなでーふぁーとりーじを用意して、お客さんにつついてもらい、まずはフーチバーのしぼり汁を一杯、なんていうのもおもしろいかなと想像をふくらませています。

母のやさしさと「むちぐゎー」のやわらかさ

戦中の体験というと、食べるものがなく、お腹が空いてひもじかったという話をよく聞きます。しかし、当時小学生だった私は、不思議とひもじい思いをした記憶はありません。それはひとえに、母の知恵のおかげだったと思います。

戦火が激しさを増すにつれ、その影響は今帰仁のような田舎にまで及び、煮炊きさえも満足にできない暮らしが続きました。火をおこすと、その煙で敵にみつかってしまうと戒《いまし》められていたからです。

そこで母は、育ち盛りの私のために頭を働かせました。今帰仁は山に囲まれていますから、少し足を伸ばせば湧き水は豊富にあります。それを毎朝汲んできて、芋のでんぷんと黒糖を溶かし、朝ごはんとして私に飲ませていたのです。これなら腹持ちもいいし、黒糖にはミネラルもあります。火を使わなくとも、ちゃんと必要な栄養が摂れるように考えてくれていたんだなと思います。

また学校へ行くカバンにも、いつも芋のでんぷんと黒糖、塩、それににんにくを入れてくれていました。戦中ですから、いつ、どこで何が起きるかわからない。何かあったとしても生き延びられるようにという親心だったのでしょう。単にお腹が空いたから食べるのではなく、明日を生きるためにちゃんと食べるということを、身をもって教えてくれたように思います。

芋のでんぷんは、沖縄では「ンムクジ」（芋のくず）といいます。

話が少し脇にそれるかもしれませんが、沖縄で「ンム」（芋）といえば、大和の「さつまいも」を指します。沖縄に芋が入ってきたのは一六〇五年、野國總管《のぐにそうかん》と俗に呼ばれる、中国への進貢船の乗組員だった人物（姓名や生没年は不明）が中国から持ち帰ったのが最初だといわれています。それが琉球から薩摩に渡って全国に広まったので、さつまいもと呼ばれるようになったんですね。だから、沖縄では本来、さつまいもとは呼ばないのです。

瘦せた土地でも育つ芋は、古くから庶民の味方の食材でした。その芋をすってしぼり、そのしぼり汁を乾燥させた「ンムクジ」は、かつてはどこの家にも保存食として常備してありました。

巻末に芋と「ンムクジ」を使った沖縄の代表的なみそ汁「むちぐゎーの汁」のつくり方を紹介しています（138頁）。ほんのり甘く、もちっとした食感で、もち粉は使っていませんが、餅のようだからとこの名で呼ばれます。

むちぐゎーをゆでて黒糖やはちみつをかければ、ちょっとしたおやつにもなります。沖縄のお菓子として、小麦粉に砂糖と卵を混ぜて油で揚げたドーナツ「さーたーあんだぎー」が有名ですが、昔はさーたーあんだぎーはお祝いにも使う特別なお菓子で、ふだんの子どもたちのおやつといえば、むちぐゎーを揚げた「ンムクジあーぎー」でした。ちなみに、さーたーあんだぎーは、「さーたー」（砂糖）、「あんだ」（油脂）、「あーぎー」（揚げ）が縮まってできた言葉です。

むちぐゎーをおいしくつくるには、芋にちょっとずつ「ンムクジ」を混ぜ、きめ細かくなるまで丁寧に練ること。根気よく練っているとき、ふと私の頭をよぎるのは、どんなときでも決して食べることに対して、てーげーしー（手抜き）をしなかった母の姿です。

お腹が空いたから
食べるんじゃなくて、
明日を生きる
体をつくるために
人は食べるんです。

母ゆずりの発想力

私は台所にいて、あれこれと新しいことを試してみるのが大好きです。

この前は、金柑を泡盛と氷砂糖で漬けてみました。焼酎で漬けることがあるんだから、泡盛で漬けたって絶対においしいはずですよね。案の定、深みのある香り豊かな金柑酒が出来上がりました。

そんなふうにいろいろと工夫するのが好きなのは、間違いなく母ゆずりです。母は、料理にかけては天性の発想力がありました。

たとえば、沖縄の料理が好きな人なら「スクガラス」はご存じでしょう。エイグヮー（アイゴ）の稚魚「スク」を塩辛にしたものです。

通常はスクを塩に漬けるだけですが、母はいつも塩のほかに泡盛と、すり潰したお米を入れて発酵させていました。そうすると単に塩辛いだけではなく、深いうまみが醸し出されるんですね。それを豆腐にかけたり、炒めものの隠し味に使ったりしていました。

ただ、スクから漬けようと思うと大変でしょう。いまは瓶詰めのスクガラスが売られていますから、それを使えば簡単にできます。

お米は水でふやかしてから、とろとろになるまですり潰しておきます。瓶の中身を少し減らして、そこへ泡盛と一緒にすり潰したお米を入れてください。これであとは冷蔵庫に入れて発酵するのを待つだけ。イカ墨も、同じように漬けるとおいしくなります。味もよくなり、日持ちもするので一石二鳥ですね。


母の発想力に感心した一番の出来事といえば、なんといってもオイルサーディンの缶詰です。

戦争が終わると一転して、アメリカが統治するアメリカ世《ゆー》になりました。配給されるのは、それまで食べたこともなければ見たこともないような、アメリカ軍のレーション（缶詰などの戦闘食）。それでも何もないよりはましです。

ある日のこと。母はオイルサーディンの缶詰をもらってきました。初めて目にするものでしたが、母は缶詰の蓋を開け、指をちょんとつけて味を確かめました。

それでパッと閃《ひらめ》いたんでしょう。中身を油とイワシとに分けて、油は瓶に入れました。イワシのほうは潰して、塩をふって、塩漬けにしたのです。瓶に保存した油は、そのつどしょうゆなどとあわせて、炒めものをするときの調味料に使っていました。塩漬けのイワシもおつゆに入れたり、豆腐にのせたり。そうして何日にも分けて大事に使っていました。

賢いやり方だなと、いまでも思い出すたびに感心してしまいます。缶詰を空腹に任せてそのまま食べたら、あっという間になくなってしまう。でも塩漬けにすれば保存でき、さまざまに応用もできる。戦争直後の切羽詰まったときに、そんなことを思いつく人は母以外にいただろうかと思います。

ただ強調しておきたいのは、母の発想力の背後には、辻で覚えた料理の基礎があったということ。しっかりした土台があったうえで、ならばこの食材にこの調味料を加えてみたらどうだろうと、自分なりに考える力が備わっていました。

そんな母の姿を間近で見て育ってきたので、私も思いついたら、試してみずにはいられない。そんなわけで、がちまやーの私はいつも台所のなかをせわしなく動きまわるはめになるのです。

料理は「口で覚えなさい」

母から琉球料理を受け継いできた私ですが、実際に母から習った料理は数えるほどしかありません。幼い頃、台所に立つ母のそばにまとわりついていると、決まって「あやめー、くさめー！」（ジャマしないで）と追い払われたものです。

母の口癖は「どぅーぬ、くちさーに、うびれー」（自分の口で覚えなさい）でした。「舌で覚える」とはよく言いますが、母の場合は「口で覚える」。それは単に味だけではなく、口に入れたときの食感や鼻に抜ける匂いなど、すべての感覚を総動員して覚えなさいということだったのでしょう。

母から直接手ほどきを受けたのは、どぅるわかしー、イラブー（エラブウミヘビ）の料理、豆腐ようぐらいでしょうか。なかでもどぅるわかしーは、母の大の得意料理であり、また私の看板料理ともなった思い出深い一品です。

どぅるわかしーは、ターンム（田芋）をベースとした具だくさんの料理。芋の料理というと、素朴な郷土料理と思うかもしれませんが、れっきとした琉球のもてなし料理です。田芋は、畑で次々と芽を伸ばし、小芋、孫芋がたくさん育つことから縁起のいい食べものとして祝いの席で重宝されてきました。

「どぅる」は中国語の「泥《ニー》」という、ペースト状のことを指す言葉に由来します。「わかしー」は「煮る」の意味。つまり、芋をすり潰して煮るということですね。具は細かく切った豚バラ肉、しいたけ、きくらげ、カステラかまぼこに、グリーンピース。そして陰の主役は、ターンムの茎である「タームジ」です。

ターンムは通常、下ゆでした状態で売られています。なので軽くアク抜きをしておきます。タームジもゆでてアクを抜き、茶色い皮をむきます。皮が少しでも残っていると出来上がりの色が悪くなるので、きれいな薄緑色になるまで丁寧に皮を取り除くことが大切です。

ターンムとタームジの下ごしらえが済んだら鍋に入れ、かつおだしを加え、潰しながらほどよい硬さになるまでよく火を通し、具を混ぜます。

タームジは細かく繊維状にするので、よく見ないとわからないほど。でもタームジが手に入らないと、母は絶対にどぅるわかしーをつくりませんでした。なぜなら、ターンムだけだと粘りけが強く、ぼてっと重たい食感になるからです。そこへターンムジの繊維が入ることでもっちりした食感のなかにもさらりとした口当たりのよさが加わり、上品な一品に仕上がるのです。

「花風《はなふう》やかーぎくぇむん、どぅるわかしーやだしくぇむん」という言葉があります。「花風」という踊りは、踊り手が「かーぎ」（美人）であればあるほどよく、どぅるわかしーは「だし」があればあるほどよい、という意味です。裏を返せば、だしをケチるとおいしいものはできないということです。

だしとは、単にかつおだしのことだけを指しているのではありません。食材それぞれが持つ味わいとかつおだしが重なり合い、うまみが幾重にも引き出される状態。それが「だしくぇむん」です。

母は、どぅるわかしーを先にお話しした津覇ウトゥさんから直々に教えてもらいました。その味をまた私が受け継いできたわけですが、私なりに工夫したところがあります。それは味つけです。

母はしょうゆで味をつけていましたが、私はターンムの色をきれいに保つために塩で味を調えることにしました。しょうゆはほんの香りづけ程度に入れるだけ。これもまたちょっとした「にちにいまし」です。

初めて口にする人は、みな「初めて食べる味！」と驚きます。でも決して奇をてらった味ではなく、どこかしみじみと懐かしさを感じるような、それでいて味わったことのない不思議なおいしさ。それは芋という身近な食材でありながらも、手間をかけて洗練させることでたどり着ける高みがあるということでしょう。

辻によってその味を守られてきたどぅるわかしー。それは、貧しいところから売られてきて、辻という街に育てられ、やがて花開く尾類の姿とどこか重なります。食材も人も、手間をかけて磨きをかけることで、本来の持ち味を開花させることができるものなのかもしれません。

私が五十歳で料理を出す店を本格的にやろうとしたとき、母は私のどぅるわかしーを食べて「とーあんしやさ！」（そう、そのとおり！）と初めて褒めてくれました。その一言が、私が料理の道を歩もうと決意するときの大きな支えになっていたことは間違いありません。どぅるわかしーは、首里王府と辻、そして母と私をつなぐ大切な料理なのです。

食材も人も、手間をかけて磨きをかけることで、
本来の持ち味を開花させることができるものなのかもしれません。

那覇の北西部にある辻村跡

4章

日々を彩るもてなしの心

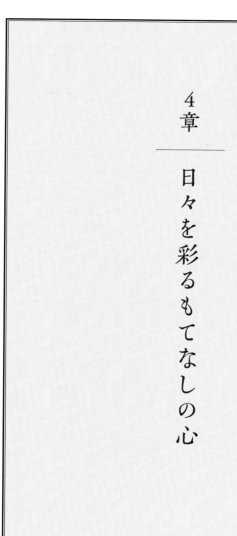

最後のひと塩が思いやり

私は料理をするとき、秤《はかり》を一切使いません。秤は、この私の「手」です。塩は、指でひとつまみ、ふたつまみ。泡盛を入れるときは、くぼませた手のひらが受け皿になります。どんな調味料でも、どれだけの分量でもこの手ひとつで済んでしまう。何十年と連れ添ってきた、万能の秤なんです。

私が秤に頼らないのは、食べる人のことを考えるため。食べる人が違えば、好みや体調も違います。だからそのつど味を確かめ、調節するのです。

お店をやっていたとき、最後に出す「トゥンファン」（かつおだしをかけた炊き込みご飯）の塩加減を、お客様の様子でいつもほんの少しだけ変えていました。たとえばゴルフをしてきた団体のお客様なら、お椀に盛ったあとにうえから塩をひとつまみ、パラパラと加えます。そうしてお出しすると、みなさん「あー、おいしい！」と最後の一滴まで飲み干してくれたものです。

運動して汗をかいた人と、一日中冷房のきいた部屋で働いていた人では、体が欲する塩分の量も味の感じ方も違います。だから、そのお客様がその日一日どうすごしていたのかをさりげなく聞き、仕上げの味つけを変えていました。

家族の年齢構成や、そのときの気候によっても「おいしさ」は変わります。いつも外で走りまわっている育ち盛りの子どもがいる家庭なら、気持ち塩を多めにするといいでしょう。高齢世帯なら、基本的に塩は控えます。さらに一日のすごし方を考慮して、最後のひと塩を調節してみてください。

いつもレシピ通りに「小さじ一杯」を入れるのではなく、食べる人のことを考えて加減する。その思いやりが、料理をおいしくするのです。

心がけてほしいのは、味つけを一回で済ませずに、三回に分けること。

一回目は、素材に味をしみこませる。二回目は、料理全体に味をつける。三回目は、味をみて少しもの足りないと思えば、味を足す。二回目の段階では「ちょっと薄いかな」という程度に味をつけておき、三回目の最後の味つけでバッチリ決めればいいのです。

最後のひとつまみはおいしさの要《かなめ》。ぜひとも覚えておいてください。

「琉球料理乃山本彩香」の外観

家族の年齢や
一日のすごし方や気候。
食べる人の状態を考えて
最後に塩をひとつまみ。
その思いやりが、
料理をおいしくする秘訣です。

もてなしの美意識

「おもてなし」は、うちなーぐちで「うとぅいむち」といいます。この言葉には「取り持つ」という意味もあります。

中国からの冊封使《さくほうし》と薩摩からの使節を、かわるがわるもてなしていた辻《チージ》。そこはまさに、琉球国と他国との関係を良好に「取り持つ」場でした。彼らの滞在期間中、心ゆくまで楽しめるようにと、両者のよいところを取り入れながら、料理や舞踊を洗練させていったのです。

琉球料理がよそから受けた影響は、中国からが七割、日本やその他からが三割ぐらいではないかというのが、私がこれまで料理をしてきたなかでの実感です。中国からの影響が大きかったことは、料理名からも推測できます。先にお話しした「どぅるわかしー」もそうですね。ほかに一例を挙げると、「ルーイゾーミン」という、そうめんを使ったもてなし料理があります。

ルーイゾーミンは、お椀にゆでたそうめんを形よく丸めて盛りつけます。そのうえに薄焼き玉子や豚肉、しいたけ、にんじん、青菜などをのせ、かつおだしとしいたけの戻し汁のすまし汁をかけた華やかな一品です。

この「ルーイ」は、中国語の「如意《ルーイー》」に由来します。「万事、意の如くいきますように」という意味が込められた祝福の言葉です。そのためルーイゾーミンは、うぶくぃ（結納）などのお祝いの席で食されてきました。

「お腹がいっぱい」という言葉も、中国語の影響があります。うちなーぐちでは「ちゅふぁーら」ですが、中国語は「吃飽了《チーファーラ》」といいます。とてもよく似ているでしょう？　ちなみに中国語の読み方には抑揚がありますが、うちなーぐちは抑揚をつけずに平坦に発音します。

また、うちなーぐちで「お腹いっぱいで、すごい幸せ」と言うときに、「明《みん》ぬ世《ゆー》ぬ人《ちゅ》なてぃ」という表現があります。

直訳すると「明の時代の人になったみたいだ」。琉球の人にとって、明の時代はそんなにいい世の中だったのかなと思い、琉球大学名誉教授で歴史家の高良倉《たからくら》吉《よし》先生に尋ねてみたところ、「そうです、豊かないい時代だったんですよ」との答えが返ってきました。明の時代は、琉球王朝がアジアの中継貿易で栄えた頃。人々が食べるのに困らない、それは幸せな時代だったのでしょう。

辻の「うとぅいむち」の心は、料理の美意識にもよく表れています。

お通しとして、辻では豆腐よう、シャコ貝の漬けもの「アジケーナシムン」、山桃の漬けものの三つをいつも必ず用意していたといいます。その三つが上手にできないと、尾類《ジュリ》は一人前とはみなされませんでした。

アジケーナシムンは透き通った琥珀《こはく》色、山桃の漬けものはあざやかな赤色。二つの素材の色をきれいに保つために氷砂糖で漬けていました。

また、私のつくる豚肉の冷菜「ミヌダル」（158頁）は、豚肉のうえに黒ごまのペーストがのっていますが、これは辻仕込みのやり方です。

その昔、この料理をつくるときは、豚肉のまわり全体に黒ごまのペーストをつけていたといいます。それをうえにのせる形に変えたのは、辻の工夫。そうすると、切り口に豚肉の白っぽい色と、ごまの黒の対比が生まれ、よりおいしそうにきれいに見えるからです。

お客様をもてなすために、味だけでなく見た目にも心を配る。尾類たちのそんな細やかな心遣いが、辻の美意識を育てていったのです。

私の手元に、辻で暮らして十ヶ月ほど経ったときの写真があります。そこには、きれいな着物を着て、髪飾りをつけ、革のハンドバッグを持ち、腕時計まではめて、にこにこと笑っている姿が写し出されています。

母は、幼い私にいつも上等の着物を着せ、できるだけいいものを食べさせてくれました。そのおかげで、目の前に出された芭蕉布が本物か、偽物か、あるいはフィリピン産の糸が混ざっているか、一瞬で見分けられるようになりました。幼い頃からいいものにふれていたから、目と舌が自然と鍛えられたのです。そんなふうに私を育ててくれた母には、本当に感謝しています。

審美眼を養うには、本物にふれること。よいものに直《じか》にふれていれば、偽物はすぐに見分けられるようになります。あえてよくないものを見たり、味わったりする必要はありません。見る目を磨きたいと思うならば、それがもっとも確かな方法です。

見る目を養うのに、よくないものを見る必要はありません。
本物に直接ふれることが、もっとも確かな方法です。

踊りが教えてくれたこと

私の美意識を育ててくれた大きなものは、二つあります。一つは先にふれた、母の存在。そしてもう一つは、琉球舞踊の世界です。

踊りで覚えた、華やかな着物やその着こなし方。そうした目に見えるものはもちろんのこと、踊りで身につけた間《ま》の取り方や手の使い方などの立ち居ふるまいや、歌に出てくるきれいな言葉遣いといった、目に見えないものからも多くを学びました。

料理は、味もさることながら、「間」も非常に大切です。

次々と料理が運ばれてきたらせわしないですし、逆に待たされると、お腹がいっぱいになって「もういいや」となってしまうでしょう。箸を置いて一息ついた、絶妙な頃合いを見計らい、次の料理をお出しするのが理想です。

また、似たような料理は続けては出さないこと。私のお店では一品ずつ料理を出していましたが、同じような味つけの料理のあいだには酢のものを挟むとか、まったく違うものを入れるようにしていました。

料理を出すときも食べているところを横切ったりせずに、空いているところからすっとさりげなく置く。そんな気づくか気づかないかの配慮が積もり積もって、その店の居心地のよさにつながっていくのです。

言葉遣いもまた、お店の印象を大きく左右するもの。

私がずっと気になっているのは、那覇空港に降り立ったときに書いてある「めんそーれ」の看板。私はあれを見るたび、ため息をつきたくなります。

うちなーんちゅでなくても「めんそーれ」は「いらっしゃいませ」の意味だということはご存じでしょう。沖縄の若い人たちも、その言葉遣いになんの疑問も抱いていません。でも、この言葉には「あっちへ行きなさい」「あっちへ行ってらっしゃい」という意味もあるのです。

本来の「いらっしゃいませ」は、「いめんせーびり」と言います。

「お入りなさい」と言うときは、「いーりみせーびり」。

この二つの言葉はどこに出しても恥ずかしくない、本当にきれいな言葉です。

なぜこういう言葉を使わないのか、私には理解できません。

もっとも沖縄の人々は、明治時代の「琉球処分」、そして戦後のアメリカ統治を経るなかで、徐々に言葉を奪われてきました。ですから、いまの若い人たちがうちなーぐちを話せないことを一概に責められません。しかし、メディアを通じて間違った言葉が流布していくことを、私は危惧しています。

たとえばNHKの連続テレビ小説『ちゅらさん』で、「ちゅら」（美しい）という、うちなーぐちは全国的に有名になりました。そして「美ら《ちゅ》海《うみ》水族館」のように「美」という漢字が一般的に使われるようになりましたが、正しくは「清ら《ちゅ》」と書きます。これは、大和の古語「清ら《きよ》」に由来する言葉。大和の古語に由来する言葉はほかにもたくさんあり、一例を挙げると、稲光を意味する「ふりい」も大和の古語「おふれ」からきています。

昨今は、日本を訪れる外国人観光客が急増し、沖縄はその筆頭です。

よその人々をもてなすには、まず自らの足元をよく知らなければなりません。言葉は、自分たちのルーツや歴史を教えてくれる大事な手がかりです。そのことを、これからの人たちにはぜひ心に留めておいてもらいたいと思います。

料理は味だけでなく、
「間」も大切。
食べている人の間を読み、
早すぎず遅すぎず
ちょうどいい頃合いを
見計らって出しましょう。

美しく盛りつけるために

うつわは、料理を美しくみせる大切な舞台です。

どの料理をどのうつわに盛りつければ、お客様により目で楽しんでもらえるだろうか。お店時代は、新旧の沖縄のうつわをたくさん集め、そのときの季節も考慮しながら、吟味してうつわを選んでいました。

そうしたなかで、私が守っていたうつわ使いの基本ルールを二つほどお教えしましょう。

一つ目は、料理と同じ形のうつわは選ばないこと。

例外もありますが、基本的には四角い形の料理は丸いお皿に、丸い形の料理は四角いお皿にというように、料理とお皿の形を変えると美しく見えます。

二つ目は、料理の格にあわせてうつわを選ぶこと。

格式のある料理には、高級な漆器などふさわしいうつわを選びます。逆に庶民的な料理は、土もの（陶器）のうつわに盛ることです。

私は陶芸家の故・國吉清尚《くによしせいしょう》さんの作品が好きで、亡くなるまで親しくお付き合いさせていただきましたが、彼は私によくこう言っていました。

「いくら僕の作品が好きでも、僕のやきものだけを使ってはいけないよ」

いくら國吉さんのうつわを気に入っているからといって、お料理をぜんぶ彼の作品で出しては、単調になってしまう。土の味わいのある彼の陶器のほかに、磁器やガラス、漆器が出てくるから、そのうつわが驚きをもって受けとめられる。これもまた舞踊と通じるところがありますが、緩急つけることが大切なのです。

そして、たまには冒険をしてみること。

白いうつわに濃い色のランチョンマット、濃い色のうつわに白っぽい料理など、対照的な色の組み合わせは失敗しにくく、見栄えもいいものです。でもいつも無難に同じものを組み合わせていては、つまらないでしょう。

私は茶色に茶色をあわせるのが上品で好きなのですが、同系色の組み合わせは、決まるととても美しいんです。日々の食卓で、いつもと違う組み合わせをいろいろと試してみると、テーブルセッティングのいい練習にもなるし、楽しいものですよ。

そして盛りつけるときは、しきたりにも配慮しましょう。

数えられるものの場合、吉事は奇数、凶事は偶数にするのがきまりです。吉事のときに奇数にするのは、いくらあってもよいから。逆に凶事は「割り切れる」、つまり続かないようにと、偶数にします。そういう決まりもいざというときのために、ちょっと頭に入れておいてください。

一人暮らしとなったいまは、古くから付き合いのある方やお客様が時々来る以外は、人をもてなす機会はずいぶんと減りました。

だからといって私は、いいうつわをしまい込んだりはしません。いつもごそごそと食器棚の模様替えをしては「あ、こんなのもあった！」なんて引っぱり出してきて使っています。

いままでは人をもてなすばかりでしたから、これからは自分の番。

今日の夕飯は「さあ、どのうつわで食べようか」と、自分で自分をもてなすのもすてきなこと。それは、一日を無事に終えた自分へのほんのご褒美です。

四角い形の料理は丸いお皿に、丸い形の料理は四角いお皿に。
これを覚えておくだけで、盛りつけの腕があがりますよ。

もてなしに「驚き」を

「子《くゎ》っとー笑《わら》りーしが、銭《じん》とー笑《わら》らん」

沖縄の黄金言葉に、こんな言葉があります。子どもとは一緒に笑えるが、お金とは一緒に笑えないという意味。要は、お金はたいしたものではないということ。いまの世の中、お金を見て笑っている人がいないとはかぎりませんが、やはりお金を見てニタニタしている姿は、傍目から見て気持ちが悪いでしょう。

沖縄の商売は「ゆらりあちねー」が基本。「お母さんは元気？」などと、お客様とのんびり世間話をしながら「あちねー」（商い）をするんですね。お金を稼ぐことより、人付き合いを大切にしてきたことがよくわかります。

お金は追えば逃げるもの。

追いかけなければ、背中からついてくるもの。それが私の信条です。

お店をやっていたとき、私はお客様の入りをみて「今日の売上はこれくらいかな」など算段したことは一切ありませんでした。それよりも、目の前のお客様をどう喜ばせるかということばかりを考えていました。

五十歳で「穂《ほ》ばな」をはじめたときは、休みのたびに八重山諸島へ行き、シャコ貝やタコを買いつけていました。漁師さんからシャコ貝の開け方やタコの料理の仕方も教わって、お客様の目の前でさばいて見せていたんですね。そうすれば新しいものだというのが一目でわかるでしょう？　シャコ貝をさばくのを見る機会なんてあまりないから、みなさん「わー！」と歓声をあげて楽しんでいました。

もてなしとは、相手のかゆいところまで手が届くようにすること。そこからさらにちょっと上を目指すなら、「驚き」を取り入れてみましょう。

細やかさや丁寧さは一等大事なことですが、それだけでは深く人の記憶には残りません。ハッとしたり、心が躍ったりするような瞬間があるからこそ、一生忘れない思い出となってその人の心に刻まれるのです。

ただ、そのことに私が気づいたのはだいぶあとのこと。当時はただ無我夢中で、お客様の笑顔を追いかけていたのだといまにして思います。

お金は追えば
逃げるもの。
追いかけなければ、
背中からついてくるもの。
相手を喜ばせることを
考えるのが一番です。

相手の立場になって考える

もてなしは、相手のことを考えることからはじまります。辻の「うとぅいむち」の根底にあるのは、うちなーんちゅが昔から大切にしてきた、相手を思いやる気持ちなのではないかと思います。

うちなーんちゅの相手を思う心は、言葉にもよく表れています。

たとえば、友人のところへこれから行くというとき、やまとぅぐちでは「行きますよ」と言いますが、うちなーぐちでは「来ましょうね」となります。相手の目線で話しているんですね。英語の「I'm coming」と似ています。なお語尾の「〜しましょうね」は、英語の「Let's」のように「一緒に何かしよう」と相手を誘っているわけではなく、「〜しますね」という自分の意思をやわらかく伝える表現です。

相手を慮《おもんぱか》る言葉で、もっとも象徴的なのは「かわいそう」「気の毒」を意味する言葉でしょう。うちなーぐちでは「肝《ちむ》ぐりさん」と言います。「肝」は「心」のことで、「ぐりさん」は「苦しい」が転訛《てんか》したもの。ぎゅっと胸が締めつけられるような、痛みをともなう響きがあります。

相手が大変な状況にあると、自分の心が苦しくなる。「かわいそう」は、どこか他人ごとのような印象を受けますが、「肝ぐりさん」は、対象と自分を一体化させ、相手の痛みを我がことのように受けとめているように思います。

「肝」が出てくる黄金言葉に「付《ち》ち肝《ぢむ》どぅ、愛《かな》さ肝《ぢむ》」があります。「寄ってくる人は愛おしい」、つまり自分を慕ってきてくれる人は、愛おしく感じる。逆に、たとえ自分の子どもであっても、離れて近づいてこなかったら、心は離れていく。だから、相手に好かれたいと思ったら、自分のほうから相手のことを好きになって、行動を起こしなさいということです。

私はいつも思い立ったら電話をします。たとえそのとき相手が出なかったとしても、相手が自分のことを思い出してくれれば御の字。そうして日頃から相手に心を寄せていれば、人の縁というのは驚くほど長く続くもの。それは、八十年以上生きてきた私が言うのだから本当ですよ。

誰に対しても謙虚に

私は、料理に関してはプロだと自負しているので、自分の思ったことははっきりと主張します。でもそれ以外のことについては素人です。ですから、わからないことがあれば、恥ずかしがらずにそのことについてくわしい人に素直に聞くようにしています。

私がいつも肝に銘じている「世間《しき》の手上《てぃーうぃー》」という言葉があります。世間のほうが自分よりも上手《うわて》なのだから「知ったかぶりをしてはいけないよ」という戒めの言葉です。

このように、黄金言葉には「謙虚さ」を説くものが多くあります。

たとえば、誰かが成功したとき。その人を褒めずに「うんじゅが腹《わーたー》、黄金腹《くがにばら》やいびーん」とお母さんを褒めます。「うんじゅ」は「あなた」で、ここではお母さんのこと。「黄金腹」とは立派な子どもを産むお腹のことを指します。要するに、あなたが成功したのは、お母さんが立派だったからだねというわけです。その人を褒めずに、お母さんを褒めるなんておもしろい言い方ですよね。

でもその言葉の裏には、誰も一人ではものごとを成し遂げることはできないという意味が暗に込められているのでしょう。成功したからといって、あなたの力だけで成し遂げたのではない。まわりの支えがあったから成功したのだ。ともするとおごり高ぶりそうになるところをいさめているのです。

最後にもう一つ、私が気に入っている黄金言葉を紹介しましょう。

「向けー面《ぢらー》、犬《いん》ぬ面《ちら》んほーちぇーならん」（向かってくるのは、たとえ犬の顔でもひっぱたいてはいけないよ）

「ひっぱたく」は、うちなーぐちで「ほーちゅん」と言います。それが禁止形になって「ほーちぇーならん」に変化しています。

向こうからやってくるものは、犬であっても叩いてはいけない。犬は、目下の人などの比喩でもあるのでしょう。誰に対しても失礼のないように、にこやかに接しなさい。私はそう解釈しています。

お店を通じ、著名な方々とも大勢知り合いになりました。その幅広い人脈にまわりから驚かれることもありますが、これまで私は決して、自分から人を選んだことはありません。お店に来てくださる方は誰であろうと、いつも同じように接していました。

うれしいことに、お店を閉めてもう何年も経つというのに、いまだに「沖縄の母ちゃん」なんて慕って訪ねてきてくれる人がぽつぽついます。

私の場合はたまたま料理人とお客様という立場でしたが、それはどういう出会い方をしても同じでしょう。どんなふうに知り合っても、心が行き交えば、単なる利害関係を超えてお付き合いは続いていきます。

だから誰にでも、まずはにこやかな笑顔を向けること。

黄金言葉のすばらしさが、若いときよりも一層、心に響いてくるこの頃です。

誰に対しても
にこやかな笑顔を
向けること。
そうしていれば、
やがてたくさんの人が
あなたのもとに
集まってくるでしょう。

5章

時がもたらす恵み

黄金言葉は人生の先輩からのアドバイス

八十代になっても、いまだに私の料理を食べたいという人がいて、仕事ができているのは、本当にありがたいことだといつも思っています。

ただいくら元気だとはいっても、やはり昔と同じようには動けません。休み休みでないと体力や集中力がもたなかったり、歩きすぎると足が痛くなったり。どこかが悪いというより、体のあちこちに少しずつガタがきていて、これが「老い」というものなのだと実感する毎日です。

そうなったいま、かつて覚えた黄金言葉があらためて思い起こされます。

六十代は、年《にん》のよーい。
七十代は、月《ちち》のよーい。
八十代は、日々《ひーびー》のよーい。

九十代は、時《とち》のよーい。

六十代は、一年ごとに弱る。七十代は、一月ごとに弱る。八十代は一日ごとに、九十代は一時間ごとに弱る。

八十代の私は「日々のよーい」。若い頃は「本当かな」と思っていましたが、この年になってみると、まさに間違いなくその通り。昔の人は、本当によく人間を観察していたのだと感心せずにはいられません。

年を取ると、若いときには考えもしなかったことが起きます。たとえば、段差とも思えないようなカーペットのたわみでも、足が引っかかってつまずくことがあります。だから私は、気持ち足をあげて歩くようにいつも心がけています。

人はこうして年を取るのだから、気をつけなさい――。この言葉は、昔の人からのアドバイスです。いま自分が歩んでいる道を、昔の人たちもまた戸惑いながら歩むなかでこの言葉をつむぎ、口伝えに残してきたのだと思います。

あと五年もすれば九十代。そうしたらいよいよ「時のよーい」になるのだといまから心して備えるつもりです。

毎日を生きやすくする保存食

私は最近、以前にもまして保存食をつくるようになりました。

暑い沖縄に保存食はないと思っている人は多いようですが、そんなことはありません。これまでいろいろと紹介してきたように、暑くてすぐ食べものが傷んでしまう土地だからこそ、できるだけ長く食べられるように保存の方法が工夫されてきました。

沖縄の庶民的な漬けものは「地漬《じじき》」といい、大根をはじめ、旬の野菜を黒糖と塩少々で漬けます（148頁）。

黒糖で漬けるのは、沖縄ならではの知恵。暑い土地では発酵が進みやすいので、塩で漬けると、大量の塩が必要になります。そのため塩分が非常に高くなってしまいます。黒糖を使えば、塩は少しで済むうえに、ミネラルも摂れます。そのぶん糖分は高くなりますが、体内では血糖値の上昇を抑えようとしてインスリンが分泌されます。それによって体温も下がるので、暑い土地では好都合なんですね。ただ、食べすぎはもちろん禁物ですよ。

以前、にんにくの黒糖漬けが疲労回復や風邪予防にいいと話題になりましたが、これも地漬の一つです。

にんにくを黒糖に漬けるときに覚えていてほしいのは、皮をむかずにそのまま丸ごと漬けること。皮をむいて漬けているレシピをよく見ますが、それだと中心までしっかり漬からないんですね。皮のままだと、なかまで深いべっこう色になって不思議とよく漬かります。

にんにくの黒糖漬けは、食べ頃になるまで約一年。「そんなに漬けて大丈夫なんですか」と驚かれますが、逆に一年経たないと、にんにくの辛みが抜けきりません。じっくりと時間をかけて漬け込んだにんにくはやわらかく、舌に残るほのかな酸味と深く染みる甘みとが、疲れた体をほぐしてくれます。

保存食をつくる知恵があってよかったと、この年になってつくづく思います。

私はいまでも気に入った料理があると、「お皿を一人占めして食べたい！」と思うほど現役のがちまやー（食いしん坊）ですが、それでもさすがに昔にくらべると食が細くなりました。いろいろな食材を買ってきても、そのままではなかなか食べきれませんが、保存食にすれば長くおいしく食べられます。

それに毎日料理をするのは、だんだんとしんどくなるものです。いくら料理が好きでも、体調によってはお休みしたい日も出てくるんですね。かといって、化学調味料が入っているような変なものは食べたくない。そんなとき、つくりおいた保存食が活躍します。だから、私は元気があるときに保存食をいっぱい仕込んでおくようにしています。

保存食は、人にあげられるのもいいところ。

保存食が常備してあれば、若い人に重い荷物を持ってもらったり、突然人が訪ねてきたりしたときも「ちょっと待ってて」と言って冷蔵庫を開け、すぐにおすそ分けすることができます。あとから感想を話してくれたり、つくり方を尋ねられたり。ちょっとした話のきっかけにもなるからいいですよね。

保存食は、毎日を生きやすくしてくれる食べもの。時間がつくり出すごちそうは、体も心も健やかに保つための強い味方なのです。

長く食べられて、
人にもおすそ分けできる。
時間がおいしくしてくれるから、
冷蔵庫に保存食を
常備しておくと、
毎日が生きやすくなりますよ。

長く生きれば、楽しみも増える

畳《たた》のー新《みー》く新《みー》く、酒《さけぇ》ー古まち。
命《ぬちぇ》ー長々ーとぅ、着物《ち》のー新《みー》く新《みー》く。

畳は新しければ新しいほどよく、酒は古ければ古いほうがよい。命は長ければ長いほど、新しい着物をたくさん着られる——。

「新しい」を意味する「みーく」の響きが、なんともかわいらしい黄金言葉。大和のことわざでは「女房と畳は新しいほうがいい」と言いますが、古いもののよさもちゃんと認めているところが沖縄らしいところです。

畳、酒、着物は、うちなーんちゅが日々暮らすうえで、大切にしてきたもの。寝かせた泡盛は古酒《くーす》といい、三年以上熟成させたものにかぎります。五年、十年と寝かせるのは当たり前。百年経った古酒もあり、年月が経つほどに甘い香りが立ち、味も深くまろやかに育っていきます。

古酒は、長生きした人の姿と重ね合わされているのでしょう。お酒が年月をかけて味わい深くなっていくように、人もまた長い時間を生きるなかで成熟していく。時の積み重ねを尊ぶ心が伝わってきます。

そしてまた、この黄金言葉の含蓄は「長生きするといいことあるよ」と言っているところ。着物を新調するのは、かつてはめったにない喜ばしいことでした。子どもに着物を新しくあつらえたときは、必ず大黒柱に当てて「命ー長々ーとぅ、着物のー新く新く」と唱えてから、子どもに着せたもの。それぐらい着物は子どもを守る大切なものとして大事にされていたんですね。

私は、いまでもたらいで着物を手洗いします。とくに芭蕉布は「水で育てる」といって、一回外に着て出たら、霧吹きをしてこまめな手入れが必要です。長生きしたおかげで着物の世話が大変ですが、新しい着物がたくさん着られた人生、感謝しないと罰が当たりますね。

長生きすれば、その分楽しみも増える。ここだけの話、我が家にはいつ開けようかと思いながら十五年も寝かせているとびきりの古酒があるんですよ。

人から慕われる「高貴高齢者」に

大和では「老い先短い」という言葉があります。年寄りには残された時間が短いという意味ですね。一方、沖縄には「んーちゃる、ゆーどぅ、なげーさる」（見てきた世の中が長い）という言葉があります。

同じ年寄りのことをいっても、見ている方向がまったく逆です。先が短いと嘆くのか、長く生きたぶん経験豊かですばらしいと讃えるのか。「老い」に対して否定的な大和と、肯定的な沖縄の違いが見事に表れていますよね。

沖縄が日本一の長寿県でなくなってから久しいですが、それでも七十五歳以上の高齢者が長生きする割合は全国トップクラスです。百歳を超えてなお、まわりから大切にされ、穏やかに暮らしている高齢者は、沖縄にたくさんいます。そんな姿を身近で見ているから、うちなーんちゅは「老い」をありのまま受けとめることに長《た》けているのかもしれません。老いへのストレスを感じにくい環境であることも、元気でいられる理由の一つではないかと思います。

老人を敬う一方で、黄金言葉にはこんな言葉もあります。「七歳《ななち》ないる童《わらび》からん、むんなれーすん」。「七歳ないる童」は、七歳の子ども。「むん」は「もの」で、「なれーすん」は「習うことができる」という意味。つまり、七歳の小さな子どもからも学ぶことがあるという教えです。

これは踊りのお師匠さんがよく言っていました。「七歳の子どもが踊るような感じで踊りなさい」と。年を取ると、知恵も技術も身について、慣れで踊れてしまう。踊りを習いたての子どものように、新鮮な気持ちで教えられた通りに踊りなさいということです。

年上だからといって、年下に対して威張ったりせずに、学ぶところは素直に学ぶ。それがまわりに煙たがられず、慕われる秘訣に違いありません。

自分より目上の人を大切にするのと同時に、目下の人にも謙虚な気持ちで接すること。年を取ったことを言い訳にせず、品よく生きる。「後期高齢者」ならぬ「高貴高齢者」を目指したいと思っています。

年を取って、
先が短いと嘆くのではなく
見てきた世の中が長いと
肯定的にとらえる。
どうやっても老いるのだから
明るく受けとめたほうが
穏やかに暮らせますよね。

二人の母が遺した言葉

毎朝、私は起きるとお仏壇のお水を替えて、手を合わせます。お菓子などのもらいものがあったときも、いつもお仏壇に供えてからいただきます。

お参りするときに、お線香は焚くときもあれば、焚かないときもあります。うちなーぐちには、手を合わせるときに必ずしも形にこだわらなくていいという意味で、「からでぃー」（空手）という言葉があります。要するに気持ちが大切ということですね。

昨秋、私は山本家の墓じまいをしました。私が死んだら、お墓を守る人はいません。私が動けるうちに、お墓をきちんと閉じようと思ったのです。

お墓を処分したあと、お骨は久高島の北の海にまきました。いまは、海に散骨することを海洋葬というんですね。お骨をまいたときに「北緯何度が山本家のお墓です」と言われるのですが、お骨が白砂のように青い海にキラキラと舞い散る様子を見ていて、暗いお墓のなかに閉じ込められるよりずっと気持ちがいいように思いました。

お墓に入っていたのは実の父、兄とその子ども、姉二人。終戦前に実の父と母は離婚し、終戦から二年後に実母は弟を連れて沖縄に帰ってきていました。二歳で両親と別れてから、父には生前に一度だけ会うことができました。忘れもしない終戦から十三年経った二十三歳のとき。まだ沖縄はアメリカ世《ゆー》で、東京に行くにはパスポートが必要でした。鹿児島まで船に乗り、そこからは石炭の寝台車に揺られて東京に着いたのは沖縄を出て二日近くが経っていました。

父は当時、東京の八王子の老人ホームにいて、七十五歳になっていました。何を話したかもういまとなっては思い出せませんが、会ったとき、きちんと正座していた姿を覚えています。本当は沖縄に連れてきたかったのですが、アメリカ統治下ではどうしようもできませんでした。その三年後に父は施設で亡くなり、一年後に遺骨を引き取って山本家のお墓を建てたのです。

一方、実母はその後、測量技師として駐在していたアメリカ人と結婚し、サクラメントに移住しました。私はその人を「パパ」と呼んでいたのですが、パパがアメリカに帰国するとなったとき、実母に「あの人の死に水を取らなくてどうするの」と言って、嘉手納《かでな》空港から送り出したのは私です。

パパが亡くなり、実母は晩年、日本語が通じるハワイに移り住み、二〇〇九年に百歳で亡くなりました。最後に会ったのは亡くなる二ヶ月前、ハワイの病院までお見舞いに行ったときでした。実母の臨終の言葉は「I'm too tired, Good bye…」。自分が死ぬことをわかっていたのでしょうか。そのことは看護師さんからの電話で知りました。いまはパパと一緒にサクラメントのお墓に眠っています。

そしてこれまで私が「母」といってきた養母の崎間カマトは二〇〇四年、九十七歳にして肺炎で亡くなりました。

母カマトは年を取っても変わらず思うように生き、私は最後の最後まで振りまわされっぱなし。我ながらよく面倒をみたと思います。お棺を送り出したときは「やりきった」という思いがこみあげてきたのを思い出します。

息を引き取る直前、駆けつけた私に、母は何かを言いたそうにしていました。そこで私は呼吸器を外し、口もとに耳を近づけました。すると母は一言、こうつぶやきました。

「しわーさんけー」（心配はない）

二人の母は、ともにめいっぱい自分の人生を生き、あっぱれな最期を迎えました。私も遠からず、母たちのもとに行くでしょう。そのときは、母たちのように潔く去りたいと心から思います。

うちなーぐちでは、死ぬことを「唐旅《とうたび》する」「唐旅に出た」などといいます。遠い昔、沖縄から唐へと船で渡る旅は、死を覚悟するほど危険なことでした。そしてそれが、だんだんと「死」の比喩として使われるようになったのです。

生きていればやがては訪れる老いと、その先にある旅立ち。年を重ねるほど、誰もが自らの最期を思い、不安や寂しさが押し寄せてくるでしょう。それは私も例外ではありません。でもそんなとき、いつも母のあの声がよみがえります。

「しわーさんけー」

不安や寂しさが迫ってきても、台所に立ち、明日の自分のために料理をすれば大丈夫。きっと、今日よりもちょっといい明日がやってきますよ。

明日のことを
心配してもしかたない。
それよりも
明日の自分のために
料理をしよう。
そう思って
今日も台所に立つのです。

あとがき

思えば、波乱に満ちた人生でした。

これまでの人生、私は何度も名前が変わりました。「山本彩香」は五十歳をすぎたとき、沖縄の戦後を代表する作曲家の普久原恒勇《ふくはらつねお》先生が「料理は彩りと香りが大事だから」と命名してくれた、料理の芸名です。

「山本アヤ子」として生まれ、二歳で養母に引き取られて「崎間アヤ子」に。十二歳のときに養母が糸満の玉城家に嫁いでからは「玉城綾子」。玉城のお父さんは、戦争の混乱で戸籍がなかった私を、自分の戸籍に入れてくれました。

そして五十歳のとき。東京の国立劇場で、私は琉球舞踊界を代表して作田節の一人舞台を務めました。この滞在中に胸がざわつき、父の本籍がある江東区の区役所を訪れました。すると、私の名が残された山本家の戸籍が出てきたのです。沖縄に戻り、玉城のお父さんに報告すると「名前が違っていては、ご先祖様が引きあげようと思ってもわからない。なんとしてでも直しなさい」。そこで私は戸籍を戻しました。それから私の人生は、不思議と開けていったように思います。

中学では「尾類《ジュリ》ぬ子《くわ》」といじめられ、学校もろくに通えず、家の畑仕事をしたり、母がつくる豆腐を街で売り歩いたりしました。十五歳からは、女中や踊り子をして食べてきました。でも、人生で無駄なことは一つもなかったと思います。養母が尾類だったから、琉球料理の味を覚えられた。北部と南部に住んだから、両方の土地の作物にふれられた。そして踊りを続けていたから、島袋光裕先生というすばらしい師匠にも恵まれた。私は、いつもそのときに自分ができることを最大限やってきました。それが、よりよい明日につながるのだと信じて。

本書の題名『にちにいまし』は、やはり普久原先生が、私のインタビュー記事でこの言葉を読み、「彩香料理のキャッチコピーにするといい」とおっしゃったことからきています。普久原先生には感謝してもしきれません。またここには書ききれませんが、これまで私を支えてくださった方、そして本書に携わってくださったすべての方、読んでくださった方に、心より「にふぇーでーびる」（ありがとうございました）とお伝えし、筆をおきたいと思います。

二〇一九年師走

山本彩香

■本書に登場する工芸品

表紙、156頁…琉球漆器 朱漆蓋付椀《しゅうるしふたつきわん》／琉球藍型《えーがた》：藤村玲子

沖縄の漆器は、中国の技術を取り入れて発展。もてなしのうつわとして重宝されてきた。琉球藍型は、琉球藍を使って染めた型染のこと。藤村玲子さん（1939－2015）には、私の琉球舞踊衣装をいつも手がけてもらっていた。

1頁…鳥形小皿：國吉清尚《くによしせいしょう》／藍染め：黒羽藍染紺屋《くろばねあいぞめこんや》

國吉清尚さん（1943－1999）の作品が好きで、生前は窯出しのたびに買い、店でもたくさん使っていた。黒羽藍染紺屋は群馬県大田原市にある、1804年創業の藍染めの老舗。

2頁…琉球漆器 朱漆椀／紅型：渡嘉敷貞子《とかしきさだこ》

渡嘉敷貞子さん（1911－1969）は紅型の復元に尽力した、女流紅型師の先駆者。

5頁上…バーキ

目の粗いざるのこと。目の細かいざるはソーキと呼ばれる。

6頁…チューカー／三彩小皿：壺屋焼《つぼややき》

チューカーはお茶や酒を入れる土瓶のこと。壺屋は、やちむん（やきもの）の産地を指す。壺屋焼は17世紀後半、琉球王朝によって那覇の牧志村南部に統合された窯場で焼かれた、ふだん使いのやきものの総称。

7頁…亀甲文碗：國吉清尚／中皿：壺屋焼

137頁…サギジョーキー

手提げのついたかごのこと。昔はごちそうを入れて、虫が来ないように吊るして使った。

138頁…スンカンマカイ

染付の碗（マカイ）。名前は、平安末期の僧・俊寛《しゅんかん》が好んで用いたことに由来する。

139頁…亀甲文碗：國吉清尚

140頁…灰釉平皿：國吉清尚

142頁…琉球花三島丸皿：親川唐白《おやかわとうはく》

琉球花三島は、朝鮮半島から伝わった「三島手《みしまで》」の技法を応用し、親川唐白さんが独自に考案。なお崎間家の祖先は、朝鮮から沖縄に作陶技術を伝えた陶工・張献功《ちょうけんこう》。

144頁…赤絵楕円皿：山田真萬《やまだしんまん》／藍染め：黒羽藍染紺屋

山田真萬さんは、本島中部の読谷村「やちむんの里」で作陶する現代陶芸家。

146頁…焼き締め鉢：國吉清尚

148頁…泡ガラス鉢：稲嶺盛吉《いなみねせいきち》

沖縄では戦後、駐留米軍が使ったビール瓶などを再生してガラスを吹いていた。その際にできる気泡が、のちに意匠として琉球ガラスの特徴に。

149頁…焼き締め耳付鉢：國吉清尚

151頁…タラフ：國吉清尚

タラフとは蓋のついた陶器（蓋もの）のこと。昔は、んみんすや、あんだんすーなどの保存食をタラフに入れ、いつも食卓に置いていた。

152頁…焼き締め丸皿：國吉清尚

154頁…琉球漆器 朱漆椀：宮城清《みやぎきよし》／扇子形箸置き：國吉清尚

宮城清さんは、伝統技法を守り続ける琉球漆器のつくり手。

158頁…中国漆器 螺鈿盆《らでんぼん》

裏表紙…すべて國吉清尚作品

■参考文献

『coyote』No.21～30、駒沢敏器《こまざわとしき》「とーあんしやさ」1～10回

沖縄の風土と文化が育んだ

明日の自分をつくる

琉球料理レシピ

むちぐゎーの汁

材料（4人分）
ンム（さつまいも）…160g
ンムクジ（いもくず）…160g
かつおだし…カップ5
細ねぎ（ざく切り）…適量
みそ…適量
泡盛…大さじ2
塩…少々　油…適宜

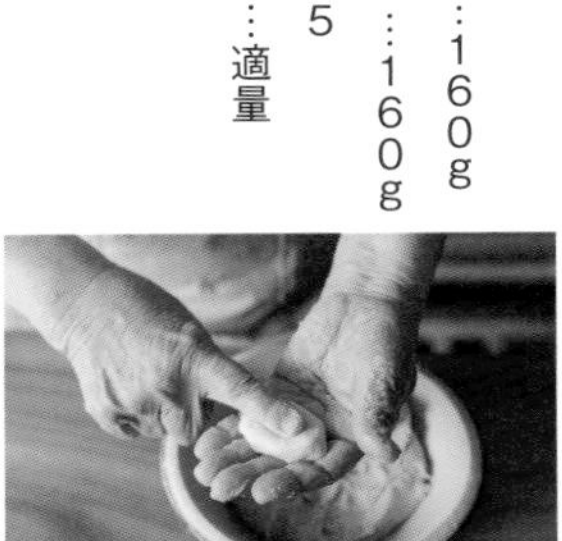

1　ンム（さつまいも）をふかし、熱いうちに軽く潰す。
2　ンムクジに少しずつ水を加えて、耳たぶくらいのかたさになるまで練る。
3　1のさつまいもに、2のンムクジを数回に分けて入れ、塩を加える。きめ細かくなるまでよく練る。
4　3のむちぐゎーを一握りちぎって丸め、火の通りをよくするために人差し指で押して平たくする（写真右）。形づくったむちぐゎーを沸騰した湯のなかに入れ、浮かんできたらボウルに取る。
5　かつおだしに泡盛を加え、煮立ったら弱火にし、4のむちぐゎーを入れ、みそを溶く。塩で味を調え、ねぎを入れ、火を止める。最後に油をひとまわしすると、味にコクが出る。

アーサの汁

材料（4人分）

乾燥アーサ（アオサ）…10g
うちなー豆腐※…100g
かつおだし…カップ4
泡盛…大さじ2
塩…2つまみ　しょうゆ…少々
しょうが汁…適宜

※うちなー豆腐

呉《ご》（大豆をすり潰した汁）を煮てからしぼる通常の豆腐とは異なり、生の呉をしぼった豆乳（塩を打たないという意味で「うすうたんぬー」と呼ばれる）に、にがりを加えて煮てつくる。タンパク質や食物繊維が豊富で水分が少なく、塩けがある。木綿豆腐で代用する場合は水をよく切り、塩を加減すること。

1 アーサをさっと水で戻す。豆腐は5㎜のさいの目切りにする。

2 かつおだしを中火で温め、泡盛と塩を入れる。煮立ったら、豆腐、アーサを入れ、香りづけのしょうゆを加える。器によそい、好みでしょうが汁を少々入れる。冷たくして飲んでもおいしい。

ゴーヤーちゃんぷーるー

材料（2人分）

ゴーヤー…½本
うちなー豆腐…200g
卵…1個
かつおぶし…適量
油…大さじ1強
しょうゆ…小さじ1
塩…1つまみ

1 ゴーヤーは縦半分に切って、種とワタをスプーンで除き、2㎜の厚さに薄く切る。卵は溶きほぐしておく。豆腐は紙タオルに包み、水分が出なくなるまでおく。

2 フライパンに油を入れて強めの中火で熱し、豆腐を一口大にちぎって入れる。きつね色になるまで炒める。

3 2にゴーヤーを加え、さっと炒めあわせて、塩を加える。しょうゆを加え、溶き卵をまわし入れて火を止める。

4 器に盛り、食べる直前にかつおぶしをかける。

ソーミンたしやー

材料（1人分）
そうめん…2わ（100g）
うちなーらっきょうの浅漬け※…4〜5個分
かつおぶし…1パック（2・5g）
細ねぎ（小口切り）…適量
しょうゆ…小さじ½
油…大さじ1
塩…2つまみ

※うちなーらっきょうの浅漬け
うちなーらっきょう（なければ普通のらっきょう）は皮をむいて洗い、葉の部分を切り落とし、薄切りにする。らっきょう50gに対し、塩小さじ1をまぶしておく。市販のらっきょうの塩漬けを塩抜きし、薄切りして使ってもよい。

1　そうめんをゆでて、水けをきっておく。らっきょうは水けをきり、かつおぶし、しょうゆと和えておく。
2　フライパンに油を入れて中火で熱し、そうめんを入れ、塩を加え、ほぐしながらさっと炒める。
3　器に盛り、1のらっきょうをのせ、ねぎをちらす。

ふーいりちー

材料（2人分）

車麩…1本
卵…1個
ニラ（ざく切り）…¼束
ごま油…大さじ1
塩…1つまみ

1　麩は大きく割って、薄めの塩水（分量外）でしっかり戻す。
2　卵を溶いて塩を入れ、あまり泡立てないように混ぜて卵液をつくる。
3　麩が戻ったら、食べやすい大きさに割き、水けをしっかりしぼって卵液に漬ける。
4　フライパンにごま油を入れて熱し、3を加え、強火で麩を押しつけるようにして焼く。
5　火を止める直前にニラを入れ、さっと混ぜる。

沖縄の炒めもの

沖縄の炒めものは、主に三種類あります。「ちゃんぷーるー」は、豆腐の入った炒めもの。「たしやー」は、そうめんやご飯など、炭水化物の炒めもの。「いりちー」は、だしなどを含ませて炒りつける「炒め煮」を指します。近頃は「ふーいりちー」を「ふーちゃんぷーるー」と呼ぶのを見かけますが、これは誤った使い方です。

ふーいりちーをつくるコツは、野菜を入れすぎないこと。二〇一六年、アメリカ・ロスアンゼルスの沖縄県人会に料理を教えに行ったとき、「ふーいりちーがべちゃべちゃになってしまうんです」と話す人がいました。そこで私は「あなたは野菜炒めが食べたいの？　ふーいりちーが食べたいの？」と聞きました。お麩をふわっと仕上げるには、卵と香味野菜だけで十分。野菜をたくさん入れるから、水分が出てしまうのです。使わなかった野菜でもう一品つくれば、食卓もにぎやかになります。

なお、沖縄の車麩は他の車麩にくらべ、ふわっと軽いのが特徴です。できればふーいりちーには、沖縄の車麩を使ってください。

昆布とイカのみそ炒め

材料（2人分）

早煮昆布…25g
イカ…120g
ニラ……¼束
みそ…大さじ1
泡盛…大さじ1
ざらめ糖…少々
煮汁
　泡盛…カップ½
　かつおだし…カップ½
油…大さじ½

1 昆布は水で戻し、ざく切りにする。切り方については左頁を参照。イカは食べやすい大きさに切る。ニラは4㎝の長さに切る。
2 みそに泡盛、ざらめ糖を混ぜる。
3 フライパンに油を入れて中火にかけ、昆布を入れて炒める。昆布に油がまわったら、煮汁を注いで炒め煮にする。
4 昆布がやわらかくなったら、イカを加える。イカが温まったら、2を加えて炒める。最後にニラを加えてさっと混ぜ、火を止める。

琉球と昆布

沖縄は、昆布の一大消費地です。沖縄の暖かい海では昆布は採れないのになぜと思われるかもしれません。それは、沖縄がかつて貿易国だったことの名残であることを示しています。

沖縄に昆布が入ってきたのは江戸時代。薩摩藩を通じて北海道の良質な昆布が琉球王国に大量に入ってくるようになり、中国への輸出も盛んになりました。十八世紀末には、那覇港に昆布座という取引所まで設けられたほど。昆布は豚肉との相性もよかったため、琉球料理に根づいていきました。ただ沖縄の水は硬水だったため、昆布からだしはあまり取れず、代わりに炒めたり、煮たりして、昆布そのものを食べる料理が工夫されてきました。

行事食にも昆布はよく用いられます。大和では、昆布は「よろこぶ」といってお祝いにしか使いませんが、沖縄では慶事にも弔事にも使います。お祝いごとには「結び昆布」、法事には、中央に切り込みを入れて折り返す「けーしくーぶ」（返し昆布）。そうした沖縄ならではの伝統も守っていきたいものです。

昆布の切り方

1 長めの昆布を水で戻し、半分に切る。半分を何層かに折りたたみ、それを芯にして、残り半分の昆布で覆うようにぐるぐると巻きつける。2 包丁を斜めに入れる。3 互い違いに斜めに切っていく。こうすると形が不揃いになり、味がしみ込みやすくなる。

2

3

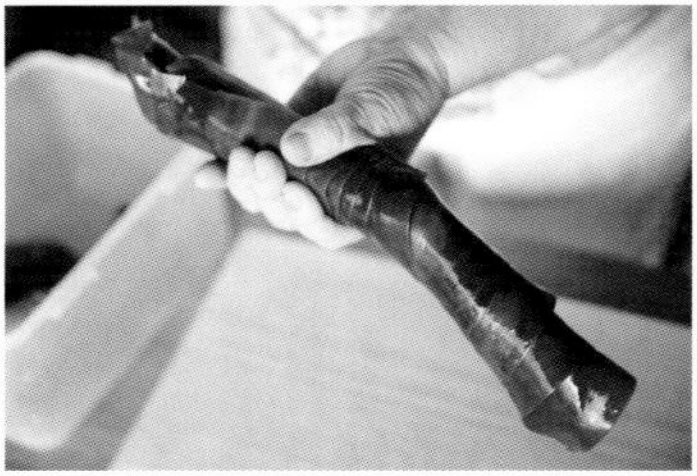

1

イシミーバイのマース煮

材料（2人分）

イシミーバイ（ハタの一種）…1尾
水…カップ1と½
泡盛…大さじ2
塩…小さじ2
シークヮーサー…適量

1 イシミーバイのうろこと内臓を除き、きれいに洗う。
2 鍋に水、泡盛、塩を入れ、イシミーバイを入れる。強めの中火でさっと煮る。
3 器に盛り、シークヮーサーを添える。シークヮーサーが手に入らなければ、レモンやかぼすなどそのとき出まわっている旬の柑橘類でもよい。

※「マース煮」は、マース（塩）と泡盛で煮る、昔ながらの沖縄の魚料理。さっぱりとした味わいで、イシミーバイのほか、エイグヮー（アイゴ）など、身近な白身魚を使ってつくります。

琉球料理に欠かせない調味料

琉球料理に使われる基本の調味料は、塩、泡盛、かつおぶし、黒糖の四つ。それに適宜、しょうゆやみそなどを加えます。

料理をするとき、私が一番重視しているのは調味料。かつおだしも、塩と泡盛をちょっと入れるだけで、ぐんとおいしくなる。調味料には、素材の味を引き出す大事な役割があります。いい調味料をケチらず使いましょう。

・塩…ミネラルの多い天然塩を使うこと。愛用しているのは、粟国島産の「粟国の塩」（沖縄ミネラル研究所）。この塩を口にしたとき、戦前のものと変わらない、海そのもののような味わいに感動しました。

・泡盛…私の料理に、泡盛は必須。使っているのは香り高く、まろやかな味わいの「春雨ゴールド」（宮里酒造所）。だしにも必ず泡盛を加えるので、台所にはいつも一升瓶が置いてあります。泡盛がなければ、同じ蒸留酒の焼酎で代用を。

・かつおぶし…沖縄で使われるのは燻製後にカビづけしていない「荒節」。料理に生臭さが残らないよう、血合いが少ないものを選びましょう。

・黒糖…ミネラルが豊富な沖縄の黒糖。おすすめは、甘みが深い多良間島産。湿気に弱いので、外気にふれにくいよう、できるだけ大きい塊を買うこと。私は1kgの塊をそのつど必要な分だけ削って使い、残りは密封して冷蔵保存しています。

大根の黒糖漬け

材料（つくりやすい分量）

大根…1本（約1kg）
黒糖…350g
塩…30g

1 大根は洗って皮をむく。縦半分に切り、容器に入る長さに切る。

2 消毒した保存容器に大根、黒糖、塩を交互に入れる。黒糖はあまり細かく砕いていないものを使う。

3 10日から2週間ほどで食べ頃に。漬けあがったら、漬け汁から取り出し、食べやすい大きさに切って、冷蔵庫で保存する。2〜3ヶ月ほどおいしく食べられる。

※黒糖漬けは「地漬《じじき》」といい、沖縄の家庭で昔からつくられてきた漬けもの。大根の季節が終わったら次はモーウイと、旬の野菜を漬け込みます。

ゴーヤーの漬けもの

材料（つくりやすい分量）
ゴーヤー…2本（約600g）
氷砂糖…150g
塩…大さじ1と½
梅干し…1個

1 ゴーヤーは縦半分に切り、種とワタを除く。さらに縦2〜3等分に切り、2㎝の長さに切る。

2 消毒した保存容器に、ゴーヤー、塩、氷砂糖を交互に入れる。入れ終わったら、腐敗防止のために梅干しを入れる。全部入りきらない場合は、数時間おいてしんなりし、かさが減ったところで、残りのゴーヤー、塩、氷砂糖を加える。

3 5日〜1週間ほどで食べ頃になり、2週間ほどおいしく食べられる。ゴーヤーは汁に漬かっている状態で冷蔵庫で保存する。

ゴーヤーの緑を生かすため、氷砂糖で漬ける。

沖縄の夏野菜

沖縄の夏に欠かせない野菜が、ゴーヤー（苦瓜）やナーベーラー（へちま）、モーウイ（赤瓜）などの瓜類です。昔から沖縄の人々は、体の熱を冷ましてくれるこれらの野菜を食べ、暑い夏を乗り切ってきました。

いずれも生で食べられます。ゴーヤーについては紹介しましたが、ナーベーラーはみそとの相性がよいので、酢みその和えものや、豚肉と一緒に煮込む「ナーベーラーのどぅー汁」などがおすすめです。なお「どぅー汁」（胴汁）とは、ナーベーラーから出てくる水分のこと。モーウイは、大根と同じように黒糖漬けにすれば、いくらでも食べられます。

ナーベーラーやモーウイは、皮に近いところに栄養が多く含まれているので、包丁の刃で表面をこそいで調理します。ただナーベーラーは、昔は棚で育てていましたが、最近は生産効率のよさから地植えが多くなっています。地植えのものだと皮をこそいだだけでは、堆肥や土の臭いがするので、その場合は皮を厚くむくようにしましょう。

右／右からナーベーラー、モーウイ、ゴーヤー。左／ゴーヤーは料理によって使い分けて。いぼが大きく水分を多く含むもの（右）は、しりしりーに。いぼが小さく緑が濃いもの（左）は水分が少ないのでちゃんぷーるーに、中間のもの（中）は漬けものに。

あんだんすー

材料（つくりやすい分量）
豚三枚肉…250g
泡盛…50mL
あわせみそ（みそと白みそ半量ずつ）…250g
白ごま…40g
ピーナッツ…40g
三温糖…90g
黒糖…30g

1 豚肉を適当な大きさに切ってゆで、5㎜の小さな角切りにする。ゆで汁はこしてとっておく。先にごまをフードプロセッサーにかけ、さらにピーナッツを加えて細かく砕く。みそは泡盛（分量外）で溶いておく。

2 鍋に豚肉を入れ、ゆで汁をひたひたになるまで注ぎ、泡盛を入れ、蓋をして弱火で煮る。

3 豚肉がやわらかくなったら、三温糖と黒糖、1のごまとピーナッツ、みそを加える。まとまりが出てくるまで、手を休めずにかき混ぜる。水分がなくなったら火を止めて出来上がり。冷ましたら密閉容器に入れて、保存する。冷暗所で1ヶ月ほど保存可能。

1

スーチキージシ

材料（つくりやすい分量）

豚三枚肉（皮つき）…700g
粗塩…適量
シークヮーサー（なければレモンなど）…適宜

1 豚肉の皮を下にし、皮を残して1cm幅の切り込みを入れる。皮がない場合は、脂身を7〜8mm残し、切り離さないようにする（1）。

2 切り込みの内側全体に薄くまんべんなく塩をまぶしたら（2）、ラップでぴっちり包む。冷蔵庫に入れて一晩おく。

3 豚肉から出た水分を紙タオルなどで拭き、塩を少し足し、ラップで包み直す。冷蔵庫で1週間ほどおいて塩をなじませる。その間、水けが出てきたら同じように拭き取る。漬けあがったら、切り込みを開いた状態で冷凍保存しておけば、好きな分だけ切って使うことができる。

4 食べるときは、必要な量をゆでて塩抜きする（3）。ゆであがったら切り分け、好みでシークヮーサーをしぼって食べる。ハムの代わりにサラダに入れるのもおすすめ。フライパンで軽く焦げ目がつく程度に香ばしく焼いたら、つまみにも最適。

2

3

くふぁじゅーしー

材料（2人分）
米…2合
豚三枚肉…100g
干ししいたけ（戻して）…30g
にんじん…30g
カステラかまぼこ（なければ普通のかまぼこ）…30g
グリーンピース…適量
かつおだし…カップ1
泡盛…40mL
油…大さじ1
しょうゆ…小さじ2
塩…1つまみ

1 豚肉をゆで、5mmの小さな角切りにする。干ししいたけは戻し、5mmの角切りにする。戻し汁はとっておく。にんじん、カステラかまぼこも5mmの角切りにする。グリーンピースはゆでて水けをきっておく。冷凍のものを使う場合は、解凍しておく。

2 米は洗って炊飯器に入れる。かつおだし、しいたけの戻し汁（カップ1）を入れ、泡盛、しょうゆ、塩を加える。豚肉、しいたけ、にんじんを入れ、最後に油をまわしかける。

3 炊きあがったら、カステラかまぼこ、グリーンピースを入れて混ぜ、しばらく蒸らす。

だしの取り方

材料は、水1Lに対し、かつおぶしを50g使います。

鍋に湯を沸かし、沸騰して火を止めてからかつおぶしを入れます。煮立ったままで入れると、アクが出るので要注意。かつおぶしが沈んだら、ざるなどでこして出来上がり。そこへ、風味づけの泡盛を少々入れるのが、私のいつものやり方です。

一番だしを取ったあとは、残ったかつおぶしを水から煮て、二番だしを取ります。二番だしはラフテーなど肉料理を煮込むときに使います。

ラフテー

材料（4人分）

豚三枚肉…600g
白みそ…170g
塩…小さじ½
泡盛…カップ2と½
かつおだし（二番だし）…カップ2と½
ピーナッツ…40g
白ごま…40g
ざらめ糖…小さじ2
早煮昆布（約3cm×40cm）…2枚

1 ごまをフードプロセッサーにかけ、ピーナッツを加えて細かく砕く。さらにすり鉢で細かくすると、香りが立ってよい。白みそ150gにピーナッツ、ごま、ざらめ糖を加えて混ぜておく。昆布は水で戻して結び、だし（分量外）で煮る。

2 鍋にたっぷりの水（分量外）を入れ、豚肉を中火でゆでる。途中、返しながらまんべんなく火を入れ、竹串を刺しても血が出なくなったら、ゆであがり。鍋から肉を取り出し、食べやすい大きさに切る。ゆで汁は、こせばスープなど別の料理に使える。

3 鍋に2の豚肉を並べ、だしと泡盛を注ぎ、塩を加え、残りの白みそ20gを溶く。

4 火をつけて煮立ったら弱火にし、肉がやわらかくなるまでコトコトと1時間から1時間半ほど煮込む。

5 4を冷まして、鍋ごと冷蔵庫に入れる。しばらく置いて脂が浮いて固まってきたら、冷蔵庫から出し、ラップを使って脂を取り除く（写真上）。

6 5の鍋を火にかけ、煮立ってきたら弱火にし、1のみそを入れて10分ほど煮る。器に盛り、昆布を添え、煮汁をかける。

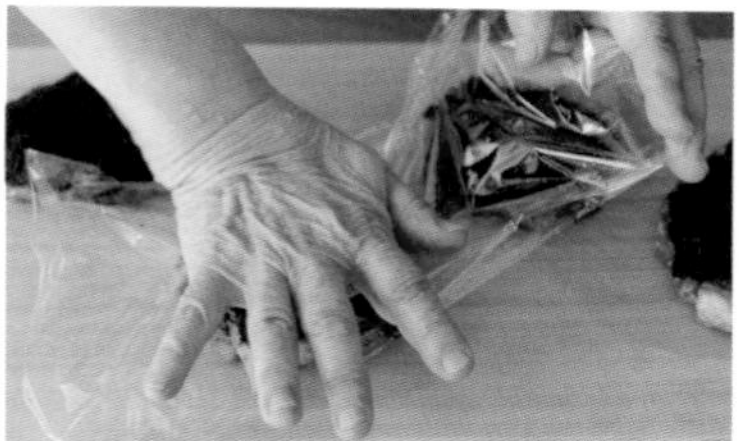

2

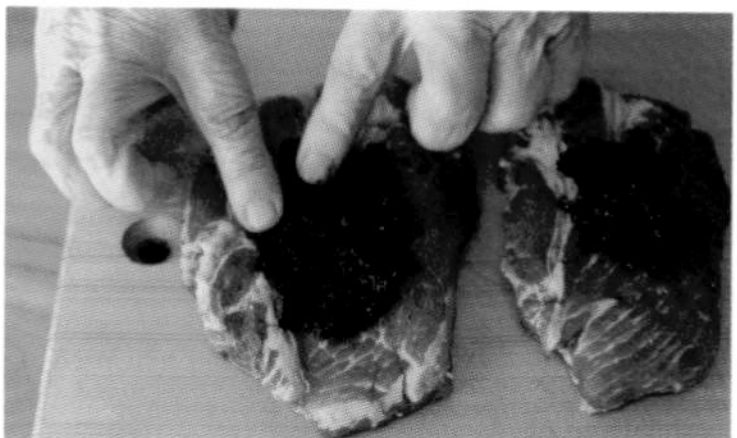

1

ミヌダル

材料（4人分）

豚肩ロース肉（1・5cm厚さ）…4枚（約400g）

黒ごま…カップ1

漬け汁

しょうゆ…カップ½

ざらめ糖…大さじ3

泡盛…大さじ2

1 漬け汁の材料を混ぜ合わせる。

2 豚肉は筋切りし、1の漬け汁に浸す。途中で裏返し、30分ほど漬け込む。

3 ごまはフードプロセッサーにかけ、すり鉢に移してペースト状になるまでよくすり潰す。2の漬け汁を少しずつ加え、耳たぶくらいのかたさにする。

4 2の豚肉の表面を紙タオルなどで押さえ、余分な漬け汁を除き、上に3のごまをたっぷりのせる。肉に火が通って縮む分を考慮し、周囲1cmほどはごまをのせないでおく（1）。

5 蒸し器に布巾をのせ、肉を並べる。肉の上に布巾をかけ、25分ほど中火で蒸す。

6 蒸しあがったら、フライ返しなどでそっと肉を取り出し、まな板に移す。肉にラップをのせ、その上から親指のつけ根でそっと押さえて、ごまをなじませる（2）。ラップはかけずにそのまま冷ます。

7 食べやすい大きさに切り、器に盛る。切るときは1回ごとに包丁を布巾などで拭き、切り口にごまがつかないようにする。

企画・構成：澁川祐子
撮影：宮濱祐美子
装丁：大久保明子
DTP 制作：エヴリ・シンク

調理協力：赤嶺由美子、髙橋知
Special Thanks：赤嶺悟（A コープ とみえ〜る）、
井上敬子、中川剛、宮里徹（宮里酒造所）、
矢内真由美、横山亮子

にちにいまし

ちょっといい明日《あした》をつくる琉球料理《りゅうきゅうりょうり》と沖縄《おきなわ》の言葉《ことば》

2020 年 1 月 30 日　第 1 刷発行

著　者　山本彩香《やまもとあやか》
発行者　鳥山 靖
発行所　株式会社　文藝春秋
〒 102-8008　東京都千代田区紀尾井町 3-23
☎ 03-3265-1211
印刷・製本　大日本印刷

万一、落丁、乱丁の場合は、送料当方負担にてお取替えいたします。
小社製作部宛にお送りください。定価はカバーに表示してあります。
本書の無断複写は著作権法上での例外を除き禁じられています。
また、私的使用以外のいかなる電子的複製行為も一切認められておりません。

©AYAKA YAMAMOTO 2020　ISBN 978-4-16-391163-2
Printed in Japan